人脈

有一種勝出的關鍵叫

前言

在競爭激烈的現代社會中，僅憑一己之力打天下，很難獲得成功。「多個朋友，多條路」，許多成功者的經歷證明，一個人的成功，離不開眾多朋友的支持和幫助，善於結交朋友的人，不僅到處受歡迎，而且遇困難有人幫忙，辦事處處通，不知不覺中，增加了許多成功的機會。

交友辦事是一門學問，日常生活中我們不難發現，有的人待人真誠坦率，卻沒有一個知己朋友；有的人性格暴躁，卻有許多人和他是生死之交。有的人平時朋友遍天下，可有事需要幫助時，卻找不到一個人；有的人朋友不多，需要時卻個個都能鼎力相助。究其原因，是會不會交朋友的問題。

交朋友，要分場合、分地點、分時間、分對象，面對複雜的人性，要根據對方的各種情況，冷靜客觀地調整和他們的交往方式。可深交的，你可以和他分享你的一切，不可深交的，維持基本的禮貌就可以了。這就好比客人來到你家，真正的客人請進客廳，推銷員之類的在門口應付就行了。

有一種勝出的關鍵叫 人脈

如果你目前日子過得平平淡淡或失意不得志，就應該主動擴大自己的交際範圍；如果你已有所成就，事業如日中天，那麼交朋友就該有所選擇。只有掌握交朋友的技巧，你才能在關鍵時刻有可依賴的朋友，才不會有「人到用時方恨少」的遺憾。

本書針對現實中的這種客觀現象做了深入的分析，並提出了許多切實有效的交友辦事方法，幫助廣大的讀者朋友們在人際關係複雜的社會中，認清朋友、結交朋友，為自己未來的成功搭橋鋪路。

前言

目錄

第一章
打通人際關係的
任督二脈

如果你會交友，任何時間、各種場合、不同話題和交友策略，都可以讓你輕而易舉成為眾人注目的焦點。

1‧朋友的資料庫

經營友誼需要講究方法，

除了建立大數據，更需要懂得靈活運用。

建立朋友的「資料庫」

人到用時方恨少？很多人朋友滿天下，但真正需要幫忙時卻找不到幾個人，如果你也曾經歷過這種難堪，請趕快亡羊補牢，如果沒有，也要未雨綢繆及早做準備。

那些辦事通達的人，除了他們本身優越的條件外，還有一點很重要，就是他們身邊都有一群非常要好的朋友。這些朋友為他出謀劃策，對他提出高的要求，不讓他有絲毫鬆懈和半點放棄。

這樣的人大都有一個可靠的「朋友資料庫」，而且也是一個善用資料庫的人。

美國前總統克林頓（William Jefferson Clinton）在回答《紐約時報》（The New York Times）記者關於自己是如何保持政治關係網時說：「每天晚上睡覺前，我會在一張卡片上列出我當天聯繫的每一個人，注明重要細節、時間、會晤地點以及與此相關的一些資訊，然後輸入祕書為我建立的關係網絡資料庫中。這些年來，朋友們幫了我不少。」

一個當總統的人都在建立「朋友資料庫」，何況一般人呢？

活用資料庫的大數據

很多時候，光建立「朋友資料庫」還不夠，還要善於利用大數據來幫助自己。

例如，把他們的生日、興趣、愛好等內容都收集進去，這樣，你就會加深對

他們的瞭解，在與他們談業務或進行生意交往時，可以找出他們關心的話題，跟他們談最鍾愛的事物。當你這樣做時，不僅會受到他們的歡迎，也會使你的業務得以擴展。

杜維諾麵包公司是紐約一家最高級的麵包公司，這家麵包公司的老闆杜維諾一直試著要把麵包賣給紐約的某家飯店，一連四年來，他每天都要打電話給這家飯店的老闆，他也去參加那個老闆的社交聚會，為了爭取到這個客戶，與飯店老闆成交這筆麵包生意，他還在該飯店訂了個房間，以便找機會與老闆談談。但是經過一段長時間的努力，他都失敗了。

杜維諾開始反省自己，決定改變策略，收集了這家飯店老闆的個人資料，為他建立了一個「朋友資料庫」。終於找出這個人最感興趣、最熱衷的東西。原來，這位老闆是旅館人士組織「美國旅館招待者」的一員，由於他的熱情，還被選為主席以及「國際招待者」的主席，不論會議在什麼地方舉行，他都會出席，即使必須跋涉千山萬水也堅決前往。

給他建立一個小檔案後，杜維諾再見到那個飯店老闆的時候，就開始談論他

的組織。杜維諾得到的反應令人吃驚，那個老闆跟他說了半個小時，都是有關他的組織，語調充滿熱情，並且一直笑著。在杜維諾離開他的辦公室前，他還把他組織的一張會員證給了杜維諾。

在交談過程中，杜維諾一點都沒有提到賣麵包的事，過了幾天，那家飯店的廚師長打電話給他，要他把麵包樣品和價目表送過去。

那位廚師長在見到杜維諾的時候說：「我不知道你對老闆做了什麼手腳，但你真的把他說動了！」

後來，杜維諾與這位老闆成了無話不談的好朋友，他說：「想想看吧！我纏了那個老闆四年，就是想和他做大生意。如果我不建立他的個人小檔案，不去用心找出他的興趣所在，瞭解他喜歡的是什麼，那麼我至今也不能如願。」

建立和善用「朋友資料庫」是一種深刻瞭解人，並與之保持有效聯繫的方式。掌握了這樣一種方法，並善加利用，自然免去了「人到用時方恨少」的苦惱。

2・餐桌上的交際

美食的力量不容小覷，

酒足飯飽人自爽，心情好什麼都好談。

現代社會的人際交往中，免不了請客、送禮、喝酒。人們藉著形形色色的名目，大大小小的圈子，或同學一群，或同事一桌，或至交兩三人，聚會一起，共同歡聚暢談，品嘗佳餚美酒，以消除陌生感、加強感情、增進合作、傳達美意、加深瞭解，建立相互之間的信任。人類社會對此樂此不疲，古代與現代、國內與國外皆為如此，這真是人類獨有的好辦法、好主意。因此名目繁多的大宴小酌把這個社會點綴得五顏六色，讓人們越來越沉醉其中。

跟人談事時，在酒桌上容易溝通，因為這時候吃飽喝足了，什麼都好說。

酒是友情的潤滑劑

許多人都是在餐桌上交朋友的，在宴會上，不相識的人坐在一起，酒杯一碰，抬頭把酒喝下去，兩個陌生人就可能成為好朋友。

好飲酒的人，很容易在餐桌上交到朋友，他們碰到一起，總是容易惺惺相惜，幾杯酒下肚後，便會談得相見恨晚，覺得對方特耿直，朋友就這樣產生了。

在這個無酒不談商的年代，許多大生意都在餐桌上搞定。生意場上有不少人藉著酒精的刺激來促進彼此的往來，在我們周圍也不乏原來滴酒不沾的人，在工作了十數年之後變成了杯中高手。如果在餐桌上堅持不喝的人，反而會引起別人的反感，甚至覺得你不真誠、虛偽、心眼太多、不可交。

酒是友情的潤滑劑，如何使它發揮最有利的功效，就在於自己如何運用。

尤其是生意人早就已經習慣在餐桌間談生意，好像不喝點酒就沒辦法敞開胸懷說話似的。這種習慣全世界各國的人皆是如此，除了阿拉伯國家的人礙於戒律之外，這可說是地球上普遍的現象。

喝酒是連絡感情、談生意、談友誼的橋樑，只要喝透了，沒有辦不成的事，許多事，就在推杯換盞中辦成了。

從古到今都流傳著這樣一句話：「酒逢知己千杯少。」即使現在也是如此，談得來的一塊喝老酒，話稠了，情自然就濃。酒杯對酒杯，心口對心口，滾燙的友情便擋不住，友誼也隨著酒的綿香而逐漸加深。

把握餐桌上交友辦事的分寸

談起喝酒，幾乎所有的人都有過切身體會，並不是能喝和敢喝就能交上朋友。所以，探索一下餐桌上的「奧妙」，可以有助於你交際的成功。

．眾歡同樂，切忌私語

大多數宴會賓客都較多，所以應盡量多談論一些大部分人能夠參與的話題，得到多數人的認同。因為各人的興趣愛好、知識面不同，所以話題盡量不要太

偏，避免唯我獨尊，地北天南，出現離題現象而忽略了眾人。

特別是盡量不要與人貼耳小聲私語，給別人一種神祕感，往往會產生「就你們好」的嫉妒心理，影響喝酒效果。

‧看清賓主，把握大局

大多數宴會都有一個主題，也就是喝酒的目的。赴宴時首先應環視一下大家的神態表情，分清主次，不要單純地為了喝酒而喝酒，失去交友的好機會。

‧話語得當，詼諧幽默

餐桌上可以顯示出一個人的才華、學識修養和交際風度，有時一句詼諧幽默的言語，會給別人留下很深的印象，使人無形中對你產生好感。所以，應該知道什麼時候該說什麼話，言語得當，詼諧幽默很關鍵。

‧ 勸酒有度，切莫強求

在餐桌上往往會遇到勸酒的現象，有的人總喜歡把酒場當戰場，想方設法讓別人多喝幾杯，認為不喝到量就是不實在。

「以酒論英雄」，對酒量大的人還可以，對酒量小的可就頭痛了，有時過分地勸酒，會將原有的朋友感情完全破壞。

‧ 敬酒有序，主次分明

敬酒也是一門學問。一般情況下敬酒應以年齡大小、職位高低、賓主身分為序，敬酒前一定要充分考慮好敬酒的順序，分明主次。即使與不熟悉的人在一起喝酒，也要先打聽一下身分或留意別人如何稱呼，這一點心中要有數，避免出現尷尬或傷感情。

敬酒時一定要把握好敬酒的順序。有求於席上的某位客人，對他自然要倍加恭敬，但是要注意：如果在場有更高身分或年長的客人，則不應只對能幫你忙的

人畢恭畢敬，也要先給尊長者敬酒，不然會使大家都很難為情。

‧察言觀色，瞭解人心

要想在餐桌上得到大家的讚賞，就必須學會察言觀色。因為與人交際，就要瞭解人心，左右逢源，才能演好餐桌上的角色。

‧鋒芒漸露，穩坐泰山

宴會席上要看清場合，正確估價自己的實力，不要太衝動，盡量保留一些酒力和說話的分寸，既不讓別人小看自己又不要過分地表露自身，選擇適當的機會逐漸露出自己的鋒芒，才能穩坐泰山，不致給別人產生「就這點能力」的想法，使大家不敢低估你的實力。

在餐桌上交友辦事，要把握好分寸，分寸把握好了，要辦的事自然水到渠成。

3・交際最初的四分鐘

給人良好的第一印象很重要，

可是你卻只有四分鐘。

在一些社交場合，你可能看到兩個人在熱切交談的情景，對方的臉上洋溢著笑，儼然一對久遇的老朋友。但你一上去打聽，才知道他們不過是認識幾分鐘的陌生人。為什麼陌生人見面才幾分鐘就交上朋友呢？一方面他們懂得交友之道，另一方面在於他們把握了初次見面的前四分鐘，給對方留下了好印象。這樣的人，不僅是交友的高手，毫無疑問，也是辦事的高手。

人們第一次相遇，需要多少時間決定他們能否成為朋友呢？

美國美國心理學家雷納德・佐寧（Leonard Zunin）博士在所著的一本書中說：「和陌生人接觸的前四分鐘（the first four minutes），對人們是否願意或什麼時候成為朋友，相當重要。當你在社交場合中遇到陌生人時，你應該花四分

鐘，把注意力集中在他身上，很多人的生活會因此而改變。」

大家都知道，想在事業上成功的先決條件，就是要有一個良好的第一印象。

據統計，如果初次見面給人良好印象，那麼在今後的日子裡，與人辦事成功的機率則會大大增多。

人的第一印象是不可磨滅的，長相兇惡的人誰也不喜歡，沒有自信的人總是讓人覺得縮頭縮尾。有些人就是很容易博得別人的好感，這就是給別人第一印象好的緣故。

初次見面，能否給對方留下良好的第一印象格外重要。然而，對方要從你身上得到第一印象所需的時間最多不會超過四分鐘。這就是說，只要能順利掌握初次見面的四分鐘，就等於這次會面已獲得成功，以後對方就會記住你的第一印象。

善於交際的人，初次與人相見時總會衣容整潔、滿面笑容，有利地利用最初的四分鐘。當然，每個人的個性不同，有些人豪邁爽朗，有些人則拘謹寡言，然而，要在最初的四分鐘內給人良好的印象也並不困難，畢竟這短暫的四分鐘是轉

眼即逝的，是極為平常的。只要注意保持笑容和親切的態度，你就能給人留下良好的第一印象。

良好的第一印象是打開交往大門的無形鑰匙，可以說「良好的開端是成功的一半」。在交往中，你怎樣在短時間給人留下良好的第一印象，與陌生人交上朋友呢？

注意儀表

社會心理學家認為，在公眾場合，人們總是樂意接觸衣著整潔、儀表大方，或衣著略優於自己的人。這種行為在日常生活中也常見到，沒有人願意同一個不修邊幅、骯髒邋遢的人在一起。

人的衣著服飾同一個人的地位、身分和修養連在一起。為獲得良好的初次印象，穿著上一定要注意身分和場合。一個電影明星打扮得妖豔一點，人們會覺得比較正常，但一個中小學教師塗脂抹粉、穿著妖豔就會被人認為不合適了。因

此，我們平時要注意穿著得體、整潔，盡力為自己給人的第一印象加分。

注意臉部表情

在我們身邊，與人交談面帶笑容、聽人說話時表現出專注神情的人，一般都是人際關係很好的人，因為表情可以充分展示自己的人格和修養。

眼睛是心靈之窗，在交往中，眼睛被對方注視得最多。兩個人見面時即使沒有開口說話，從目光上就可以判斷出心理優勢的一方。所以，在第一次與人見面時要善於運用自己的視線，也要學會瞭解對方視線的含義並隨時調整自己的視線。眼睛可以直視對方，但不要引起對方的不愉快。

自我介紹簡單明瞭

與別人交往，都有一個由陌生到熟悉的過程。和陌生人見面，第一個步驟便是介紹自己。

介紹自己可以由第三者出面介紹，也可以自我介紹，不論採用何種方式，都不宜採取太冷淡或言談太隨意的態度。特別是自我介紹的時候，更要注意自己的言談舉止，做到恰當得體。

那麼，怎樣才算恰當得體呢？

一般來說，介紹的語言既要簡潔明瞭，又要能使對方從你的介紹中找到繼續談下去的話題；既要使對方通過你的介紹對你有所瞭解，又不使對方覺得你在自吹自擂。

以下是日常生活中人們隨處可見的自我介紹方式：

· 簡略式

比如：「我是〇〇〇，請多指教。」

這種介紹過於簡單，對方在聽了你的介紹後，除了名字以外其他一無所知，很難把話題繼續下去，作進一步的交談。

·詳盡式

比如：「我是○○公司業務部經理，是台灣大學經濟系畢業生，著名經濟學者○○教授是我的老師，和○○集團老闆也認識。」

這種介紹方式顯得有些囉唆，有自吹自擂之嫌，容易引起對方反感，而不願意與你作更深入的交談。

·簡明式

比如：「我是○○公司業務部經理○○○，請多多指教。」

這種方式既簡潔，又適當地表明自己的身分，容易使對方找到接下去交談的話題。

注意傾聽

「說」是一門藝術，「聽」也是一門藝術。聽人講話要像自己講話一樣，保持飽滿的情緒，用心地理解對方的講話內容，即使你已經聽懂了對方的意思，也應出於禮貌耐心地聽下去，要善於做一個謙虛的聽眾。同時，不要邊聽人家講話，邊做與談話無關的事，這是對他人的不友好表現。

找到對方感興趣的話題

想與不認識的人展開交談，最大的挑戰在於找出對方感興趣的話題。

富蘭克林·羅斯福（Franklin Delano Roosevelt）的堂弟，又是一位有名的律師，知名度自然很高。

一九一二年的總統競選。因為他是已故美國總統西奧多·羅斯福（Theodore Roosevelt）剛從非洲回到美國，準備參加

在一次宴會上，大家都認識他，但羅斯福卻不認識在場的來賓。這時，他看得出來，雖然這二人都認識他，然而表情卻顯得很冷漠，似乎看不出對他有好感

的樣子。

羅斯福想出一個接受自己不認識的人，並能同他們搭話的主意。於是他對坐在自己旁邊的陸思瓦特博士悄聲說道：「陸思瓦特博士，請你把坐我對面那些客人的大致情況告訴我好嗎？」陸思瓦特博士便把每個人的大致情況告訴了他。

瞭解大致情況後，羅斯福藉口向那些不認識的客人提出了一些簡單的問題，經由交談，他從中瞭解到了他們的性格特點、愛好，知道他們曾從事過什麼事業、最得意的是什麼？掌握這些後，羅斯福就有了同他們交談的資料，並引起他們的興趣，在不知不覺中，羅斯福便成為他們的新朋友。

在與陌生人的交往中，要善於引發他的興趣，使對方覺得你對他非常關心，就會變不認識為認識，廣交天下朋友。

4・用閒聊打開友誼的大門

說理不如閒聊，

閒話家常是最容易拉近彼此距離的方式。

現實生活中很多會交朋友的人，都能抓住閒聊的機會，讓別人認同他，並樂意為他辦事。

求人幫忙的關鍵取決於相互之間的交流和交談，許多事就是在不經意的閒聊中找到雙方的共同點，在思想上和心理上產生一種共鳴、達成一種共識，從而獲得別人的認同，把一些事輕而易舉地辦成了。

友情就在一句話裡

人與人之間交往是從交談開始，閒聊是交朋友、拉近距離，以及溝通思想的

有效手段。很多時候，通過閒聊，可以讓兩個毫不相干的陌生人交上朋友。

有一次，某個人獨自去看電影，然而看到一半時卻停電了，他感到十分難受，因為旁邊沒有一個熟人可以交談，沒想到身邊的人開口與他搭腔，「沒電真討厭，你說是吧？」這正合他的心意，本來他正想不出如何來打發這無聊的時光，準備起身離開電影院。於是兩人海闊天空地閒聊起來，最後電影散場時兩人竟成了好朋友，而且後來還保持聯繫。事後他感嘆地說：「原來，友情就在一句話裡面。」

不要只談自己的得意事

在與人閒聊中，即使是再好的朋友，也不要只談自己的得意事。因為你的得意襯托出別人的倒楣，甚至認為你講述自己的得意便是嘲笑他的無能。這樣，對方肯定不會喜歡你，也不會認同你。

某人約了幾個朋友來家裡吃飯，這些朋友彼此都熟悉。主人把他們聚在一

人脈

有一種勝出的關鍵叫

塊，主要是想藉著熱鬧的氣氛，讓一位目前正陷入低潮的朋友心情好一些。

這位朋友不久前因經營不善，關閉了一家公司，妻子也因為不堪生活壓力而與他談離婚的事，內外交迫，他實在痛苦極了。

來吃飯的朋友都知道這位朋友目前的遭遇，大家都避免去談與事業有關的事，可是其中一位朋友因為目前賺了很多錢，酒一下肚，忍不住就開始談他的賺錢本領和花錢功夫，那種得意的神情，連主人看了都有些不舒服。那位失意的朋友低頭不語，臉色非常難看，一會兒去上廁所，一會兒去洗臉，後來提早離開。主人送他出去，在巷口時他憤憤地說：「會賺錢也不必在我面前說得那麼神氣。」

主人瞭解他的心情，因為多年前他也遇過低潮，正風光的親戚在他面前炫耀自己的薪水和年終獎金，那種感受就如同把針一支支插在心上一樣，說有多難過就有多難過。

因此與人相處切記──不要在失意者面前談論你的得意。

如果你只顧談自己最得意的事，對方就會疏遠你，避免和你碰面，以免再見

032

到你，於是你不知不覺就失去了一個朋友。和朋友閒聊的話題很多，可以多談對方關心和得意的事，如此一來可以贏得對方的好感和認同。

很多人在閒聊中，往往忘記了這條根本原則，只知一味談論自己或和自己有關的事情，而對於對方的狀況很冷淡。這樣的結果是，各人只談自己關心的事，談話貌合神離，導致交際失敗。

我有一個好朋友在某地擔任人事調度工作，他剛到人資部的時候，在同事中幾乎一個朋友也沒有。因為他正春風得意，對自己的機遇和才華滿意得不得了。

因此每天閒聊中都使勁吹噓他在工作中的成績，比如每天有多少人請求他幫忙，哪個幾乎記不清名字的人，昨天又硬是給他送了禮等等「得意事」，但同事們聽了以後不僅沒有分享他的成就，還極度不高興。

後來還是由當了多年高層主管的父親一語點破，他才意識到自己的癥結在哪。從此他很少談自己，而是多聽同事說話。因為同事也有很多事情要吹噓，讓他們把成就說出來，遠比讓他們聽別人吹噓更令他們興奮。

後來，每當他有時間與同事閒聊時，他總是請對方滔滔不絕地把他們的歡樂

炫耀出來，與其分享，而只是在對方問他的時候，才謙虛地說一下自己的成就。

成功的談話應當是：少談自己，多談對方關心的事，這樣言語才會投機，辦事才會順利。

在閒聊中找到共同點

沒有人會喜歡一個閒聊只講自己而不關心對方的人，人們只願意和那些與自己有共同話題的人交往。

前耶魯大學文學教授威廉・萊昂・費爾普斯（William Lyon Phelps）在〈人性〉（'Human Nature'）這篇論文中這樣敘述：

我在八歲那年，於史特拉福（Stratford）的姨媽家度過了一個週末。記得傍晚時分來了一位中年男子，他先和姨媽嘻嘻哈哈談了一會，便走近我面前和我說話。當時我正迷上小船，我以為他只是隨便和我聊幾句，沒想到他對我說的全是

有關小船的事。

等他走了以後，我還念念不忘，對姨媽說：「那位先生真了不起，他懂得許多關於小船的事。」

姨媽笑著告訴我，那位客人是紐約的一位律師，他對小船根本沒有研究。

我不解地問：「但為什麼他的話題都和小船有關呢？」

「那是因為他是位有禮貌的紳士，他知道你喜歡小船，所以專門挑你有興趣的話題和你說。」姨媽笑著告訴我其中的道理。

所謂的共同點，就是雙方都感興趣的話題。能在閒聊中很好地駕馭共同的話題，你肯定會成為受歡迎的人物。

善於交友辦事的人都是善於交談的人，即便是完全陌生的人，他也能打破沉默，在閒聊中找到雙方的共同點。抓住了共同點，就是抓住談話的話題，那事情就好辦了。

與陌生人閒聊，最重要的就是能夠盡快找到雙方的共同點。怎樣才能找到與

人脈

有一種勝出的關鍵叫

初次見面的人之間的共同點呢？

· 察言觀色，尋找共同點

一個人的心理狀態、精神追求、生活愛好等等，或多或少都會在他們的表情、服飾、談吐、舉止等方面有所表現。只要你善於觀察，就會發現你們的共同點。

在火車上，一名中文教師見到對面的座位上，有一個年輕人正在看一本世界名著，於是主動與他交談，「請問你主修什麼科系？」

對方回答，「我是學中文的。」

「哎呀，我也是。你們學校學的是什麼版本……。」

由於這位中文老師仔細觀察，尋找到共同點便打開了交談的思路。當然，察言觀色發現的東西，還要同自己的興趣愛好相結合，自己對此也要有興趣，才有可能打破沉默的氣氛。否則，即使發現了共同點，也依然無話可講，或講一兩句話題就卡住了，挺尷尬的。

036

・以話試探，偵察共同點

陌生人相遇，為了打破沉默的局面，開口講話是首要的。有人以招呼開場，有人以動作開場，一邊幫對方做某些急需幫助的事，一邊以話試探；有的通過借書、借報紙來展開交談。

劉女士到醫院裡就診，坐在候診室裡，鄰座坐著的一位很健談的大姐，她主動和劉女士閒聊，「妳是來看什麼病的？聽口音不像本地人，妳老家在哪裡呢？」當她得知劉女士是台南人時，很高興地說：「台南文化古蹟非常美，我以前出差曾去過許多次……。」劉女士便問：「那您在什麼單位工作呀？」於是她們便親切地交談起來了，等到就診時，她們已經像是熟悉的朋友，分手時還互邀對方做客。

這種融洽的效果看上去雖然像是偶然，但實際上也是有其必然原因。只有通過偵察發現共同點，交際才能自如。

・聽人介紹，猜想共同點

你去朋友家串門子，遇到有陌生人在座，對於兩位都很熟悉的主人，會馬上出面為雙方介紹，說明雙方與主人的關係，各自的身分、工作單位，甚至個性特點、愛好等等。細心的人從介紹中，馬上就可發現對方與自己有什麼共同之處。

一位在公家單位服務的科長和一位中學教師在朋友家見面了，主人幫這對陌生人做了介紹，他們發現彼此都是主人的同學，馬上就圍繞「同學」這個共同點進行交談，相互認識和瞭解後，變得熟悉起來。這當中重要的是在介紹時要仔細地分析、認識對方，發現共同點後再於閒聊中延伸，不斷地發現新的共同關心的話題。

・揣摩閒聊，探索共同點

為了發現陌生人和自己的共同點，可以在需要交際的人與別人談話時留心分析、揣摩，也可以在對方和自己交談時揣摩對方的話語，從中發現共同點。在

用閒聊打開辦事之門

閒聊好比一把鑰匙，可以輕易地打開辦事之門。

人們的興趣、愛好往往是大腦中的一個興奮點。我們如果在閒聊中根據不同人的興趣愛好，從不同的話題入手，常常可以比較容易地開啟對方的心扉，步入對方的心靈深處，有效地激發對方思想感情的共鳴，順利辦成所求之事。

有一次，一位業務員到客戶的工廠商談簽訂業務合約的事宜。一進廠長辦公

公共汽車上，小張不慎踩到了旁邊一位老人的腳，他連忙道歉，「對不起、對不起！」老先生笑逐顏開地說：「聽你的口音是南部人吧！」小張奇怪地點點頭，老先生忙說：「我曾經在南部工作了三年，那是十年前的事了，現在南部變化挺大的吧！」這樣一路下來，小張與老先生談得很投機。後來小張還多次拜訪老先生，聽老先生講述人生經驗，果真有很大的受益。可見通過細心揣摩對方的談話，可以找出雙方的共同點，使陌生的路人變為熟人，進而發展為朋友。

人脈

室，只見牆上掛了幾幅裝裱精緻的書法長幅，仔細一看，是篆書，便與廠長開聊起來，「廠長，看來您對書法一定很有研究。唔！這幅篆書寫得好，稱得上『送腳如游魚得水，舞筆似景山興雲』。妙！看這裡懸針垂露之法的用筆，就具有多樣的變化美，真是好極了！」

廠長一聽此人談吐不俗，還懂漢代書法家曹全的懸針垂露之法，一定是書法同好，連忙熱情地招呼說：「請坐，請坐下細談。」這樣，廠長無意中已把這位「書法同好」視為「知音」，後來當業務員切入談合約之事時，自然就「好說」多了。

求人幫忙，並不總是在熟人之間進行，有時不得不闖入陌生的領域，進入一個陌生的環境，這時，閒聊可以迅速打開局面，從而達到水到渠成的辦事目的。

一次，一個年輕人去求一位著名書法家辦事，在沙發上坐下後，年輕人隨手從茶几上拿過一份刊有整版書法家作品的刊物，再看看牆上書法家的幾幅作品，在閒聊中年輕人說：「我最近想學書法，但就是拿不準先學行書好，還是楷書好？」

「呵……年輕人是應該學點書法，現在呀……。」於是書法家滔滔不絕地說起了書法的可憂現狀、中國書法的燦爛歷史，以及學習書法的正確途徑、合理步驟等等。年輕人「一見如故」，還從書法家那裡懂得了許多書法知識，他的成功正是閒聊的結果。

交友時，利用閒聊的機會，在閒聊中找到共同點，同時，在閒聊中勇於表現自己，使對方認同、認可你，就算有再難辦的事，也會圓滿地辦成。

5・話不說完也不說死

自信是一種魅力，但在說話上不留餘地，自信也會變成自負，往往會為交往帶來負面的結果。

在現實生活中，不少交談是與陌生人進行的。在機艙裡、列車上，陌生的鄰座之間需要交談；在電影院、咖啡館、聯誼會、ＰＵＢ，更多的陌生人需要交談；在聯繫工作、求人辦事，甚至購物、走路時，也需要與陌生人交談。

生活節奏越來越快，人事流動越來越頻繁，人際關係越來越廣泛，和陌生人交談的機會也越來越多。但怎樣與陌生人交談，並取得交朋友、求人幫忙的交談效果，則是值得我們學習和注意的。

042

巧找話題，勇於交談

交談是建立良好人際關係、求人辦事的基礎，是促進人與人之間感情進一步融洽的潤滑劑，是傳遞資訊的重要渠道。

同陌生人交朋友、求幫忙，必須勇於交談。生活中有些人，一見到陌生人就感到渾身不自在，「不好意思」交談；有人感到無從啟齒，「沒有辦法」交談。他們或是侷促一隅，尷尬窘迫，或欲言又止，囁嚅木訥；或說話生硬，使人誤解……產生這種現象的原因之一是：缺乏和陌生人交談的勇氣。

試想一下，一個沒有勇氣同陌生人交談，或者不會與陌生人交談的人，又怎能圓滿地求人幫忙呢？

‧敢於同陌生人交談，善於找話題。

在辦事過程中，交談要善於尋找話題。有人說：「交談中要學會沒話找話的本領。」所謂「找話」就是「找話題」。寫文章，有了個好題目，往往會文思泉

湧，一揮而就；交談，有了個好話題，就能使談話融洽自如。

每次與陌生人交談時，最好尋找對方也熟悉的人和事，以此牽線搭橋，引出話題。尤其是彼此都與之關係很深的人和事，當談到此類話題時，你們之間的距離就會很快地縮短。

・**巧妙借用對方的某些材料為題，借此引發交談。**

善於借助對方的姓名、籍貫、年齡、服飾、居住地等等，即興引出話題，取得良好的效果。

・**與陌生人交談時，可以先提一些「投石式」的問題。**

在略微瞭解後再有目的地交談，便能說得更加自在。如在聚會時見到陌生的鄰座，便可先「投石」詢問：「你和主人是同事還是老同學？」無論問話的前半句對，還是後半句對，都可循著對的一方面交談下去；如果問得不對，對方回答說是「老同事」，那也可以繼續談下去。

・**如果能問明陌生人的興趣，循趣發問，便能順利進入話題。**

如對方喜愛象棋，便可以此為話題，談下棋的情趣，車、馬、炮的運用等等。如果你對下棋略通一二，那肯定談得投機。如果你對下棋不太瞭解，那也正是個學習機會，可靜心傾聽，適時提問，藉此大開眼界。

引發話題的方法很多，諸如「借事生題法」、「即景出題法」、「由情入題法」等等。可巧妙地從某事、某景、某種情感引出一番議論。引發話題，類似「抽線頭」、「插路標」點出重點在哪，目的在導出對方的話。

給別人說話的機會

交談，就是互相交換談話，而不是一方發表演說。只有這樣才能達到理想的談話效果，從而達到求人辦事的目的。

現實生活中，有人很健談，說起話來滔滔不絕、口若懸河，沒有給對方插嘴說話的機會，這樣的習慣很不好。既然是交談，就不能一個人唱獨角戲，只管自

己說得痛快，讓別人插不上嘴。相反，當自己談了對某一問題的看法時，就要有意地「打住話頭」，讓對方談談有什麼想法。這是為了讓談話更為深入，也是尊重對方。

在與陌生人交談時，別以為自己必須一直說下去，要把說話的機會留給對方。學會傾聽，讓對方多講話，反而有助益於自己。

有一位在報社任職多年的小記者，後來成了一家大企業的部門主任，薪水上升了幾倍。認識這位記者的人都知道，他身材矮小、口才遲鈍又沒有任何傲人的學歷。這樣的人何以在數十個應徵者中脫穎而出呢？

原來他在接到面試通知時，立刻去圖書館查資料，知道了這家創辦人的生平背景。

從背景資料中他發現這位企業負責人早年進過牢獄，這些不足為人道的事，這位記者暗記在心。同時他知道這個大老闆在出獄後，從一個路邊的小水果零售攤起家，後來涉足建築業，最後才有了現在的大企業。

這位記者在面試時說：「我很希望在這樣組織健全的大企業效勞，聽說您當

年隻身北上闖天下，由一個小小的水果攤開始，到今日萬人以上的企業……。」

那個大老闆有段不堪回首的牢獄生涯，所以從不願提起過去。不料這個記者能避開那不光彩的一面，直接把出獄後的創業和他北上闖天下連起來。這樣他就名正言順地說起了他的成功史，而且毫無愧色，甚至說到超過面試時間，大老闆還說得意猶未盡。

原本面試應該談的應徵話題，像是介紹自己、對工作未來的計畫、期許等等，最後這位記者幾乎連提都不用提，只要當聽眾就行了。如果這個記者滔滔不絕地介紹自己，說自己如何如何，把自己誇耀一番，肯定會出現另一個結局。

把說話的機會留給對方，讓對方多說話，是交談的一項絕招。

說話留餘地，避免不必要的爭論

和陌生人交談，應該留有餘地、留有空缺讓對方接話，使對方感到彼此的心是相通的、交談是和諧的，進而縮短距離。因此，和陌生人交談，千萬不要把話

講完，也不要把觀點講死，應是虛懷若谷、歡迎探討，最好把作結論的機會留給對方。

與陌生人談話要留有餘地，不要把話說得太滿了。把話說滿了，會造成雙方都很窘迫的局面，有時還會發生爭吵，這顯然是不便於交朋友辦事的。現實生活中，常常可以聽到兩個人為了一個問題爭得面紅耳赤，主要原因是把話說滿了、把觀點講死了，沒有留空間和餘地。例如，一個說是「肯定如此」，一個說「肯定不是這樣」；一個說「絕對可靠」，一個則說「絕對不可能」等等。這時爭論的雙方為了維護各自的自尊和自信，都會堅持自己的觀點，互不相讓。

事實上，碰到這種情況時，雙方都不要把話說得太死，不妨留有餘地，用些「可能」、「也許」、「多半」之類的詞句，這樣不把話說死，對方心理上就能接受，不僅可以給對方留個說話的空間，繼續說下去，還可以避免無謂的爭論。

把話說完、把觀點講死、把話說得太滿，就像把杯子倒滿了水，再也滴不進一滴水，再滴就溢出來了；也像把氣球充足了氣，再也灌不進一絲空氣，再灌就要爆炸了。

和陌生人交談也是這樣，杯子留有空間，就不會因為加進其他液體而溢出來；氣球留有空間，便不會因一些空氣而爆炸；說話留有空間，才能避免無謂的爭論，才能把話題和諧地繼續下去，達到圓滿的結果。

我們不妨想一想，我們和陌生人交談，是方便交朋友辦事，何必鬧得對方不愉快，最後幫不成忙呢？

6・交換隱私拉近距離

共享祕密是拉近關係的最快途徑，

適時透露出一些隱私，讓自己不再難以親近。

在交友時，你稍稍透露自己的隱私或缺點，對方會感到你這個人很誠實，因此對你感到親近，這一點對求人辦事特別重要。

那些會交朋友的人，即使與對方並不親密，也會創造一種親切的氣氛，必要時暴露一些隱私，這樣，就是反對的人也會對他產生親近感，並樂意為他所用。

有位心理學家在紐約市的廣播節目中介紹了三位候選人後，要求聽眾從三個人中選出一個人來。關於這三個候選人的情況，第一位介紹他具有政治家的資歷、高學歷和良好人品，然後第二位介紹他的政治經歷及實際工作成績，而第三位候選人，則只介紹他的私生活，例如他非常疼愛孩子、有抽菸的習慣、每天帶著狗去散步等等。

投票的結果是第三位候選人獲得了壓倒性的勝利，儘管選民們不知道他作為政治家的能力表明，選民們投票時的判斷基準，比起政治議題來，他們更重視候選人是否讓他們感到親切。這個心理實驗還告訴我們，要讓一個人對你感到親切，就應該與對方進行具有人情味的交流。

三木武吉是日本很有名的政治家。二次大戰後的第一次競選時，他曾到香川縣的高松市去演講，當時聽眾席中傳來一個喊聲：「喂，三木武吉，你不是娶了四個老婆嗎？像你這樣的人怎麼能治理好日本呢？」

三木武吉聽後沒有驚慌，他鎮靜自如地回答道：「這位女士，確實如此，我年輕時是個享樂主義者，娶了好幾房妻子，而且戰爭中也常帶著她們東躲西藏避難，這可以說是男人的劣根性。但現在，她們都已經人老珠黃了，如果我把她們拋棄了，今後誰來養活她們呢？還有一件事妳說的不正確，是五個，不是四個。」聽了他的回答，全場立即響起了熱烈的掌聲。選舉的結果是三木武吉以壓倒性高票當選。

在這裡，三木武吉巧妙地透露了自己的隱私，使選民的反感情緒變成了對他的親切感和好感，從而獲得選民的支持，最後大獲成功。

親切在交友辦事中同樣適用，有時稍稍透露出你的個人隱私和缺點，就能使對方對你產生好感。

在這方面英國王室也是一個非常好的例子。英國王室非常受國民的愛戴，這是英國許多明星都望塵莫及的，主要原因是他們的私生活非常公開。

如果你在交友辦事時，把自己打扮成神祕的角色，對自己的隱私完全隱瞞，那對方肯定認為你並不信任他，認為你沒有把他當成朋友，沒有把他當成知音，自然而然地，對方不會親近你，更不要提辦事情了。

暴露自己的弱點，是高明的交際策略

在特定的情況下，有意暴露自己某些方面的弱點，可以使對方更容易接受你，從某種意義上說，這是一種相當高明的交際策略。

曾有一位記者去拜訪一位民意代表，目的是獲得有關他的一些醜聞資料。然而，還來不及寒暄，這位民意代表就對想質問的記者說：「時間還長得很，我們可以慢慢談。」記者對民意代表這種從容不迫的態度大感意外。

沒多久，祕書將咖啡端上來之後，這位民意代表端起咖啡喝了一口，立即大嚷道：「哦！好燙！」咖啡杯隨之滾落在地。等祕書收拾好後，民意代表又把香菸倒著插入嘴中，從濾嘴處點火。這時記者趕忙提醒：「先生，你把香菸拿倒了。」民意代表聽到這話之後，慌忙將香菸拿正，不料卻將菸灰缸碰翻在地。

平時趾高氣揚的民意代表出了一連串的洋相使記者大感意外，不知不覺中，原來的那種挑戰情緒消失了，甚至對對方懷有一種親近感。

其實這整個過程是民意代表一手安排的。當人們發現傑出的權威人物也有許多弱點時，過去對他抱有的恐懼感就會消失，而且由於受同情心的驅使，還會對對方產生某種程度的親密感。

每當新學期開始時，學生都會對新老師和新教法覺得恐懼，所以有些老師故意在上第一堂課時暴露自己的弱點，比如他會說：「我的字寫得一點也不好看，

我的書法更差，在上小學時，我的書法一直都是丙，因此我不喜歡寫黑板。」

那些學生聽了會在心中暗想：「原來老師也有弱點，我跟他們並沒有什麼不同嘛。」

如此一來，學生的心情便會放鬆下來，並且在心理上產生某種程度的優越感。

有一個民意代表演講時，常常故意在麥克風前打個噴嚏，或者裝出跟蹌的動作，像這一類故意演出的小失誤，可以緩和本來緊張的氣氛。一般聽眾對於民意代表抱有戒備心，因此他便故意裝出一些小失誤來，聽眾在看到他的小失誤之後，心中就會這麼想：「原來他也跟我們沒兩樣，也有失誤的時候。」因而對他產生親近感。

每個人都有弱點，故意表現一些自己的弱點，在某種情形之下，將能成為強力的武器。

由此可見，在交友時要使別人對你放鬆警惕，造成親近之感，使對方成為自己的朋友，並為自己辦事，只要你很巧妙地、不露痕跡地在他人面前暴露某些無

這樣就會使人在與你交往時鬆一口氣，不與你為敵。

關痛癢的弱點，出點小洋相，表明自己並不是一個高高在上、十全十美的人物，

適當暴露小毛病，可以贏得大信任

人的心理通常是隱惡揚善的，所以他們會想盡辦法掩飾自己的缺點，宣揚自己的優點。因此，一旦有人明白地指出自己的缺點，反而會讓人覺得誠實而對他產生信賴感。

有一次，一位外國人去旁聽一位美國加州大學著名教授的演講，當教授提出他做的老鼠實驗結果時，有一位學生突然舉手發問，提出了他的看法，並問這位教授假如用另一種方法來做，實驗結果將會如何。所有的聽眾全都看著這位教授，等著看他如何回答這個他根本就不可能做過的實驗。結果這位教授不慌不忙，直截了當地說：「真抱歉，我沒做過這個實驗，我不知道。」

同樣的情況假如發生在我們東方人身上，情形恐怕就會完全不同。我們一定

人脈

會絞盡腦汁，說出「我想結果會是……。」的話來。

一般人都有不想讓別人看出自己弱點的心理，因此很難開口說「不知道」。

其實，有時承認不知道，反而可以增加人們對你的信任和親近。

因為直截了當地說不知道，會給人留下非常誠實的印象，並且敢於當眾說不知道，其勇氣足以讓人佩服。這樣，人們對你所說的其他觀點，會認為一定是千真萬確的才會說，對你也就會更加信任。此外，通過說「不知道」，也拉近了與眾人的距離，使你在可信的同時顯得更加真切。

維納斯之所以被人譽為美神，就在於她的殘缺美，折斷的雙臂不僅沒讓她黯然失色，反而使她聞名於世。所以，不要怕暴露你的缺點，有時它會使人覺得更加誠實可信。

因此，稍稍表露一些缺點用以表現你的誠實，是提升自我形象的有效手法。

但要注意，不要讓自己所有的缺點都「一覽無遺」，這樣一來，別人只會覺得你毛病太多，一無是處，而不會認為你很誠實。

所以，適當地表露缺點的做法是∵暴露出一兩點無傷你整體形象的缺點，如

愛睡懶覺等。這樣，別人會覺得你真實，並且會產生除了這一兩處缺點以外，你沒有其他缺點的錯覺。

7．讓對方放心說出實情

太過直接有時只會加重戒心，

換個說法、轉個彎，也許就能打開對方的話匣子。

有一位知名的攝影師，照相時很會捕捉小孩子天真爛漫的表情。他給孩子照相時會說：「好了，拍照結束了，謝謝！」當孩子們聽到「拍照結束」時，本來在照相機面前一直生硬的表情就會完全放鬆，這時，他迅速按下快門就能輕鬆地捕捉到小孩子充滿解放感的自由世界。

很多時候，當人們處於嚴肅場合時，心理上會產生緊張感，而且會裝出與平常不同的樣子。一旦從這種緊張氣氛中解放出來，就會還其本來的自然面目，並且容易吐露真心話。同樣，在照相機前，即所謂的正式場合，要捕捉小孩純真的表情是很困難的，但是你如果對他說：「結束了。」他就會感到回到平時的氣氛中，從而展現出天真的笑容。

這或許就是人的天性，從一個正式的空間到一個非正式的空間的那一刹那，能產生一種安全感。這時，你會很容易聽到對方所隱藏的真心話。

有一家企業做民意測驗時，大家盡說些無關痛癢的話，甚至根本說不到重點，這讓會議主持人很為難。最後主持人說：「大家都辛苦了，先休息一個小時，大家可以輕鬆地閒聊……。」於是，大家就開始暢談起來，此時許多真心話也就很自然地傾吐出來了。後來，會議公布的結果只有小部分是正式會議上說的東西，大部分是休息時閒聊的內容。

這就是說，主持人是有意識地創造一種非正式的場合，讓參加者感到輕鬆，以便吐露心聲，就這樣，參加者被他們巧妙地「欺騙」了。

一位負責稅務工作的王先生調查一位企業家，在調查結束後，他請這位企業家喝茶開聊。企業家在接受稅務調查時一直非常緊張，等到事情告一段落後，就感到鬆了一口氣。在閒聊中，企業家不知不覺就將逃稅的實情說了出來。

借助第三者的名義，讓他吐露心聲

人在許多場合不願說出心裡話或不願合作，是心存戒備所致。

讓對方放心，他才會說出實情、才能給你辦事情。要求人辦事，必須要消除對方的戒備心理，使對方對你放心，這樣才能辦事情。

有時候，以詢問第三者的口氣提出問題，利用「不知道他人有何想法」這句話，就可以消除對方的戒備心理，讓對方放心，從而說出真心話。

例如，在做與「性」有關的調查時，如果你問年輕女性：「妳和幾位男性有過性關係？」恐怕沒有人會回答你，即使回答你，可能大部分都屬於信口開河。

儘管現代女性也會滿不在乎地談論性方面的話題，但是如果直接問到她們的性關係，也會產生強烈的抵觸心理。

如果你改變一下詢問的方式，問她：「妳周圍的年輕女性對性有什麼樣的認識？」對於這樣的問話可能馬上就會有人回答，「就是一起玩玩嘛，大家都是這樣的呀！」當然，這裡所說的「大家」，實際上就是說話者本人，這是絕對不會

錯的。

像這樣以詢問第三者意見、想法的形式提出問題，對方就能很隨便地開口回答你。因為不是在說自己的意見，對方的責任感和壓抑感就會減輕，戒備心也會相應地變弱，最後說出實情，吐露出真心話。這時，看起來是替第三者發表意見，其實在談論的都是自己的真心話。

不直接問對方的意見，讓他借助第三者的名義說出來，對方就懷著「我是在談論一般人的意見，這與我無關」的輕鬆心情，從而侃侃而談。借用此種方法，去瞭解對方的深層心理，達到求人幫忙的目的。

巧找話題，讓「悶鍋」開口說話

求人幫忙，最難過的就是碰上「悶鍋」。任你千說萬道，他始終寡言慎微不開口，實在令人傷腦筋。當然，如果是可有可無的閒聊，不談也就拉倒；然而在某種情況下，確實需要通過交談來達到某一特定的目的，那就非得設法打開這

人脈

「悶鍋」不可了。

心理學裡有一種佯愚啟言術，就是利用人們擁有一種本能上對明顯謬誤不能容忍和對真理的維護心理，故意以違反常識、常理或事實的無知言行，激起對方不能容忍，必欲糾正之心，從而使對方自覺或不自覺地在做出反應的同時打開話匣子。

美國有一位記者想探詢胡佛（Herbert Clark Hoover）的政見，他想了許多辦法，但這位未來的美國總統始終不發一語。他們同坐在一節火車車廂裡，失望、沮喪的情緒籠罩著這位專門探聽政界要人言論的記者。這時，窗外出現了一片開墾的土地，這位記者故意自言自語地說：「想不到這裡還是用鋤頭開墾土地呢！」

「胡說！」坐在一旁沉默得可怕的胡佛突然開口了，「這裡早就用現代化的方法來代替那種亂墾亂伐了！」接著他便大談起墾殖問題來。這樣，記者終於如願以償，滿載而歸了。不久，〈胡佛談美國農業墾殖問題〉的文章就見報了。

胡佛作為一位未來的美國總統，不到十分必要時，自然不肯輕易開口，而對

「無冕之王」的記者更會如此了。然而，這位記者正是抓住了胡佛的知識水平和是非觀念，肯定不會對別人隨便給美國抹黑的無知妄論不聞不問、坐視不答。記者採用了佯愚啟言術，終於使胡佛在無意中幫自己辦成了採訪的事情。

8・與不得勢的人交往

交友是一種人生投資，需要磨練辨別良莠不齊的眼光，

就像買股票一樣，要避免錯誤的投資標的。

人類的習慣之一，乃是往氣勢雄偉、優秀出色的人身邊靠攏。這似乎是很自然的事情，好像能與事業有成的人締結關係，便可以巧妙地利用對方那股氣勢。

這是理所當然的一種心理，然而在這種情況下交上的朋友，通常無法培育成可靠的人際關係。

由於萬事順利、春風得意的人，人人都想與其結識，都想與其交上朋友。一方面他也顧不過來，另一方面也無法與巴結他的人成為真正的朋友。反之，如果與不得勢的人交往，與他成為好朋友，那結果就完全不同了，就像買股票一樣，買了上市前最有價值的原始股。

一個人失勢時，陷入遭到眾人漠視的狀態，原來交往密切的人都離他而去，

如果你此時伸出援助之手，與之交往，他就會心存感激，銘記你一輩子。

你的朋友當中，有沒有懷才不遇、很不得勢的人？如果有的話，不要疏遠和冷落他，應該伸出熱情之手，給予幫助和關心。一旦他日後否極泰來、時運亨通，他第一個記起來的就是你，他第一個要還人情的當然也是你，到那時，你找他幫忙，他肯定也會伸出熱情之手的。

幫助不得勢的人

對失勢的人說一句窩心的話，可幫一個將倒之人輕輕扶上一把，讓他得到寬慰和支持。

對一個身陷困境的窮人，幾十塊錢的幫助可能會使他做出一番事業，闖出自己富有的天下。

柏年是美國一家律師事務所的律師，因一念之差，他投資的股票幾乎盡虧。

在走投無路的時候，他收到一封信，信是一家公司的總裁寫的，內容寫道：願意

人脈

將公司百分之三十的股權轉讓給他，並聘他為公司和其他兩家分公司的終身法人代理。他不敢相信自己的眼睛。

他找上門去，那位總裁是個四十開外的波蘭裔中年人。「還記得我嗎？」總裁問。

柏年搖搖頭。總裁微微一笑，從碩大的辦公桌的抽屜裡，拿出一張皺巴巴的五塊錢支票，上面夾的名片，印著柏年的地址、電話。

柏年實在想不起還有這麼一樁事情。

「十年前，在移民局時……」總裁開口了，「我在排隊辦工作證，排到我時，移民局已經快關門了。當時，我還少五美元申請費，如果那天我拿不到工作證，雇主就會另雇他人了。在我發愁的時候，是你從身後遞了五美元上來，我要你留下地址，好把錢還給你，你就給了我這張名片。」

柏年漸漸回憶起來，但是仍將信將疑地問：「後來呢？」

「後來我就在這家公司工作，我有錢之後，第一件事就想把這張支票寄出，但是一直沒有。我單槍匹馬來美國闖天下，經歷了許多冷落和磨難。這五塊錢改

變了我人生的態度，也變了我的命運。所以，我得好好報答你，我不能隨隨便就寄出這張五塊錢的支票，因為這五塊錢不再是金錢可以衡量的了。」

故事中的柏年以五塊錢買的原始股票，得到了豐厚的回報。所謂「投之以桃，報之以李」，只要我們試著去幫助那些不得勢的朋友，可能也會獲得豐厚的回報。

不要疏遠落魄的朋友

世事滄桑，複雜多變，起起伏伏，實難預料。昨天的權貴，今天可能成為平民；巨富大賈，一夜之間也可能一貧如洗……。

從人生的角度來看，人們不可能一帆風順，挫折、走霉運是難免的。當人們落難的時候，不僅自己倒楣，同時也是對周圍的人們，特別是對朋友的考驗。遠離而去的人可能從此成為路人，同情、幫助他度過難關的，他可能記你一輩子。

所謂莫逆之交、患難朋友，往往就是在困難時候形成的，這時形成的友誼是最有

人脈

價值、最令人珍視的。

有一位主管失了勢，他昔日的朋友和下屬都離他而去，他的心情很苦悶，一度喪失了生活信心，動了自殺的念頭。這時，他的一個下屬不怕受連累，主動來見他，給他送東西並開導了他，甚至狠狠地批評他輕生的念頭要不得，鼓勵並指出他前途是光明的。最後主管堅持了下來，等他重返職場後，十分感謝這個下屬，把他手下最重要的部門交給了這位下屬，並在退休後幫助這位下屬坐到了自己的位置上。

從一定意義上來說，對待落魄、失勢者的態度，不僅是對一個人交際品質的考驗，也是建立良好人際關係的契機。

在選舉中，成功者與失敗者就是得勢與失勢最明顯的例子。在獲勝者的辦公室裡，素昧平生的人也會紛紛湧去，落選者的辦公室都無人問津。仔細一瞧，有時甚至連選舉期間原本支持失敗候選人的人，也轉而投靠到獲勝者的一方。

這是十分落魄的境地。在選舉失敗下，人人離去的情景更令人感到淒涼。在此時如果有人站在失勢者這一邊，失勢者自然會倍感欣慰。如果能得到一番誠摯

的勉勵，就會產生往前邁進的奮起心。

在這種情形下建立的關係，不會因為少許挫折即告崩潰。更何況，這種失勢的人，未必永遠處於失敗的處境。倘若希望對方下回勝利時與其結成莫逆，就應該在其失勢時立即伸出援手。

在現實世界裡，盛衰榮枯亦是常伴之物。既有逐步攀升的人，也有失足沒落的人。得意的人身邊自然有大批人包圍著，落魄的人身旁則無人靠攏。

然而，一度失勢的人在某種機緣下再度翻身爬起來的例子並不在少數，如果等到失勢的人再度成功才去攀附交情，則為時已晚矣。就像買原始股票以賺大錢一樣，在別人失勢時伸出援手，在他得勢時，就能收回豐厚的回報。

選對股票看對人

與不得勢的人交往更要掌握尺度和分寸。在人際交往中，並不是每一個不得勢的人都值得你去交往，值得你去幫助。

有些不得勢的人，無論你怎樣去幫他，也不會給你帶來任何好處。誰會傻到花錢去買那些不會增值、還有可能失值的股票呢？

例如有些失勢的人，他犯了大錯誤、或者犯了非常大的過失，根本就沒有東山再起的可能，再說你與他交往，給他施以援手，還要冒一些風險，受到他對手的指責和忌恨，這種得不償失的事當然還是不要去做為妙。

與不得勢的人交往有很大的學問，有時還要現實一點。對那些沒希望時來運轉的失勢者，再幫也無益。而對那些一旦時來運轉就能幫你出力辦事的失勢者，就要適時拉他一把，幫他脫離困境。

如果你認定某個不得勢的人將來必定是個成功人物，只是暫時的不得勢，將來大有作為，那你就該乘時接納、多多交往；或者乘機給予忠告，指出其失敗的原因，勉勵他改過遷善；如果自己有能力，更應給予適合的協助，甚至施予物質上的救濟。

而物質上的救濟，不要等他開口，要隨時採取主動。有時對方很急著要，又不肯對你明言，或故意表示無此急需。你如得知此情形，更應盡力幫忙，並且不

能有絲毫得意的樣子，一面使他感到受之有愧，一面又使他有知己之感。寸金之遇，一飯之恩，可以使他終生銘記。日後如有所需，他必奮身圖報。他若是蛟龍必然非池中物，一朝翻身，是不會忘了你這個知己的。

「人情冷暖、世態炎涼。」趁自己有能力時，多接納一些可交的失勢之人，使之能為己所用。

9・記住交往時的小細節

魔鬼藏在細節裡，

不論是交友或成就大事，小事永遠都是大事。

在交友的過程中，如果你能記住對方的一些細小之事，他就會對你消除戒備心，並產生強烈的信任感。

在一些西方國家，政治家為了籠絡人心，把某些人留在自己身邊，其手段令人咋舌。例如，見到只有一面之交的人時，他會親切地叫著對方的名字說「嗨，約翰，好久不見了，你好嗎？」等等。可是實際上，別說對方的名字，就連相貌他也未必記得，但是他會通過祕書知道對方的名字，結果就好像他還記得對方一樣。如果知道對方是某重要人物的兒子，他就會馬上和他握手，拍著他的肩頭以表示親近，此時他也不會忘記詢問對方父親的近況，說：「你父親最近身體好嗎？」他們深知這微不足道的一點關心會使對方信任他，日後加倍地回報他。

從記住對方的名字開始

記住與朋友交往的細小事，應該從記住對方的名字開始。名字雖然只是一種

話中突然提起，可以自然地獲得朋友的信任。

在與朋友交往的過程中，能記住對方的生日和一些生活中的細小之事，在談

得「他對我這麼關心！」心中不免產生一種信任和感激之情。

可以很自然地問道：「妳養的貓最近怎麼樣？」僅僅這一句話，這位女士就會覺

面的女性，你可以從她的談話中注意到她的興趣和愛好，等到下一次見面時，你

這種心理戰術在博取女性歡心時可說也是同樣有效。例如對於才見過一兩次

人很快就會信任他，最後成為他強有力的支持者。

方深受感動，使他感到「這個人很關心我」，被親切稱呼名字後輕輕拍打肩膀的

方詢問對方父母是否安康。稱呼對方的名字或詢問對方父母是否安康，往往會使對

因為在一般情況下，只有相當熟悉、親近的關係才會稱呼對方的名字，或者

文字符號，但沒有人不看重自己的名字，誰都希望別人能記住自己的名字。

美國一位學者曾經說過：「一種獲得好感和信任的簡單又重要方法，就是牢記別人的姓名。」善於記住別人的姓名，既是一種禮貌，又是一種感情投資。姓名是一個人的標誌，人們由於自尊的需要總是最珍愛它，同時也希望別人能尊重它。

在人際交往中，當你與打過交道的人再次見面，如果對方能一下叫出你的名字，你一定會感到非常親切，對對方的好感和信任也就油然而生；而如果對方只覺得面熟，再次向你請教「貴姓」，雙方一定都覺得非常尷尬，親切愉快的氣氛也會一掃而空。

在與陌生人的第一次交往中，你可能與對方談得很融洽，彼此通過這第一次的交往，已有成為好朋友的可能。可當你們第二次或第三次見面時，你卻忘了對方的名字，甚至還得向對方再次詢問他（她）的名字。此種情況下，對方可能就失去了對你的信任，你們的交往更可能會走向失敗。

這並不難理解，一般人對於自己的名字都很看重，從內心裡都異常希望別人

能記住自己的名字，並在見面時親切地叫出來。如果你忘了對方的名字，他就會感到你對他輕視，並不是真心實意的和他交往，於是他對你就不會有好的態度，甚至拒絕與你來往，這樣的事情是很常見的。可以設想，你連對方的名字這種細小之事都記不住，別人又怎能信任你，為你辦事情呢？

記住對方的名字看來是一樁小事，做到與否，帶來的效果就大不一樣。

在一家旅館的大廳裡，一位客人來到服務台辦住宿手續，還未等客人開口，服務小姐就先說：「張先生，歡迎您再次光臨，希望您在這兒住得愉快。」客人聽後十分驚訝，露出欣喜的神色，因為他只在半年前到這裡住過一次。這位客人因此感受到了莫大的尊重，進而對那位服務小姐，甚至對她所服務的旅館產生了信任和好感。

美國有一位郵政總局局長能叫出五萬多人的姓名，能記住與對方交往的許多細小之事，他所到之處都高朋滿座，而他不僅可以和許多人攀談聚餐，還能拍著某人的肩膀，瞭解他的太太和子女的近況，詢問他家後院裡種植的蜀葵長得如何等等。

對方的細小事，是辦事的敲門磚

在任何語言中，一個人的名字對他本人來說不就是最親切、最甜蜜的字眼嗎？

記住別人的名字，是對別人的重視和珍惜，因為你叫得出對方的姓名，對方就會因為你瞭解他的一些細小之事而覺得你很重視他，這樣別人才會樂意與你交往，樂於幫你辦事。

在交友辦事之中，能夠記住對方的一些細小之事，不僅可以贏得對方的大信任，還是你求人辦事的敲門磚。

有一位業務員到一家公司洽談業務，會談結束後，負責這項工作的職員送他回家。交談中，業務員無意中說出他母親在醫院住院。結果第二天，該公司的業務科長就跑到醫院去看望他的母親。這讓業務員感到非常驚訝和感激，他沒想到對方會記住與他交往的小事，結果在簽訂合約時，這個業務員很大方地做了讓

步。這結果完全是因為對方抓住了他的小事。

美國第二十九任總統羅斯福能眾望所歸的原因之一，也得益於他記得所交往的人的一些細小之事。

艾摩斯（James E Amos）是美國第一位黑人ＦＢＩ幹員，寫了《西奧多‧羅斯福：僕人的英雄》（*Theodore Roosevelt: Hero to his Valet*）一書，他是羅斯福的保鏢和貼身僕人，書中有一段是這樣寫的：「有一天，我的妻子問總統先生，鵪鶉是什麼樣的鳥？因為我妻子從來沒有見過這種鳥。總統不厭其煩地詳細解釋。當天傍晚，我家的電話響了（艾摩斯夫婦住在牡蠣灣羅斯福家宅的一棟莊園內），妻子趕緊跑去接，原來是總統打來的。總統告訴她在我家屋外的草地上，正有一對鵪鶉停在那兒，叫她從窗戶往外看。他為了這麼微不足道的小事，還特地打電話來，充分表現出總統先生關懷他人的性格。」

作為一個總統尚能記得與僕人交往的細小之事，並能時時放在心上，這怎麼能不贏得屬下信任呢？怎麼能不叫屬下心甘情願為他效力呢？

小李去某個單位辦點事，因為沒有熟人，也沒有什麼用得上的關係，以至於

所求之事並沒有辦成，他失望地走出那個單位，在大門口，他意外地遇到了一個人，似曾相識，好像在哪裡見過，當那個人走近時，他突然想起來曾在一次文化座談會上見過這個人，這個人是一位散文家，當時在座談會上作了演講。

小李主動地與對方搭訕，「你就是某某作家吧？」

對方一聽小李叫出了自己的名字，停了下來，十分友好地問：「正是，請問先生怎麼稱呼？」

小李說出自己的姓名，並對那個作家表示：「上次在文化座談會上，我聽了你的演講，你講得真好。」

接著，小李說出了演講中的一些細節。比如主辦者如何向大家介紹、中途有人如何提問，以及這個作家的演講內容等等。

作家見小李把一些細節都記得這麼清楚，心裡樂滋滋的，信任感油然而生。

他笑著對小李說：「沒想到你聽得這麼有心，有些細節我自己差不多都忘了。」

接著他問小李來這裡是不是有什麼事。

小李把所辦之事一五一十說了出來，作家聽了之後說：「這是小事一樁，我

078

幫你打個招呼就行了，我跟他們上頭很熟。」

小李沒想到只不過曾參加一場文化座談會，對方並不認識他，自己也只是記得他的一些小細節而已，就這樣順順利利地把事情辦好了。

通過這些事我們可以知道，不論在工作或生活上，如果你想消除對方的戒備心，使對方對你產生親近感，你就應該記住與他有關的一些細微事情，並找機會說給他聽。這樣你就可以贏得對方的信任和好感，辦起事來就容易得多。

第二章
勤修人際關係的
獨門密技

如果你會交友，任何人都可能成為朋友。瞭解他人心理，拿捏分寸、做足人情，游刃有餘的交友方針，讓你處處受歡迎。

1．有事鍾無豔，無事夏迎春

有來有往才是朋友，缺乏交流，

就算本來是朋友，也會慢慢變成陌生人。

你有沒有過這樣的體會，當你遇到某種困難，想找某個朋友幫你解決時，卻突然想起過去有許多時間和機會應該去拜訪的，結果卻沒有前去，現在有求於人就直接過去找，會不會太唐突了？會不會遭到他的拒絕？這種情形下，你免不了要後悔「平時不燒香」了。

有這樣一則寓言：黃蜂與鷓鴣因為口渴得很，便去找農夫要水喝，並答應付給農夫豐厚的回報。鷓鴣向農夫許諾牠可以替葡萄樹鬆土，讓葡萄長得更好，結出更多的果實；黃蜂則表示牠能替農夫看守葡萄園，一旦有人來偷，牠就用毒針去刺。農夫並不感興趣，對黃蜂和鷓鴣說：「你們沒有口渴時，怎麼沒想到要替我做事呢？」

這個寓言告訴我們這樣一個道理：平時不注意與人方便，等到有求於人時再提替人出力，未免太遲了。

諷刺臨事用人，最簡練的話就是「平時不燒香，臨時抱佛腳。」俗話說得好：「平時多燒香，急時有人幫。」真正善於利用關係的人都有長遠的眼光，早做準備，未雨綢繆。這樣，在急時就會得到意想不到的幫助。

如果平時不燒香，等到需要時才「臨時抱佛腳」，儘管你追得很急，下的功夫很大，人家也可能一口回絕你的請求。只有平時關係搞好了，到需要時才會信手拈來為你所用。

修練關係靠平時

與朋友建立「關係」最基本的原則就是，常保聯繫，不要等到需要獲得別人幫助時才想到別人。就像春秋戰國時期的齊國國君齊宣王，平時大多寵愛貌美的夏迎春，國家有難需要幫助時，才想到有才幹的醜女鍾無艷。「關係」就像一把

刀，常常磨才不會生銹。有時候，半年以上不與某個朋友聯繫，就有可能已經失去這位朋友了，因此，主動與朋友聯繫就顯得十分重要。

現代人生活忙忙碌碌，沒有時間進行過多的應酬，加上通訊軟體發達，大家多依賴科技產品來維持關係，可是日子一長，原本許多牢靠的關係就會變得鬆散，朋友之間逐漸互相淡漠缺乏溫度，非常可惜。所以，一定要珍惜與朋友之間的友誼，即使再忙也別忘了溝通感情。

很多人都有忽視「感情投資」的毛病，一旦交上某個朋友，就不再去培育和發展雙方之間的感情，長久下來，兩個人的關係自然就淡薄了，最後就變成陌路人了。

可見，「感情投資」應該是經常性的，不可似有似無，要做到常聯繫、常溝通，到時才能用得著、靠得上。

朋友之間互相聯繫的方法有很多，像是「禮尚往來」、「交流」等等，其中最普遍、最有人情味的一種是「有空去坐坐」。

人們在禮貌性的道別時，總不忘加一句「有空來玩」，不論這是否是一句出

自肺腑的言語，聽後都讓人感到溫情四溢，自己似乎可以從中體會到我是被人們接受的，是受人歡迎的人。

在朋友之間，也需要這樣的方式來建立良好的人際圈。

事實上，我們所做的並不多，只是有時間、有心去朋友家走一走，也許只是隨意地寒暄幾句，也許是進行一次長談，總之，我們在加深對方對自己的印象，讓彼此之間越來越熟悉，關係越來越融洽。

台灣有許多禮節，碰上婚喪嫁娶等大事，親戚朋友就要參加，有許多場合還得送禮，這是長久以來的傳統，也是很有必要的，因為這是親朋好友經常保持聯繫的一種方式。如果你常年關閉門戶，既不「出去」，也不歡迎別人「進來」，那就孤立了自己。

遇到朋友的人生大事，如果有空最好盡量參加，若實在脫不開身，也要打電話或託人帶點什麼，以表自己的心意。

當對方有困難的時候，更應加強聯繫。如果朋友發生了什麼事，例如生病或遇上不幸的事，應馬上想辦法去看看。平日儘管因工作忙沒有很多時間來往，但

朋友遇到困難時要鼎力相助或打聲招呼，才顯出你們之間的深厚情誼來。「患難與共的朋友才是朋友」，關鍵時刻拉人一把，別人會銘記在心。

常常與朋友保持聯繫對你自己會有許多好處，一旦你碰上什麼事情，他就直接或間接地幫助你。如果朋友之間平時沒有什麼聯繫，需要時很難找上門去，即使找上門去，別人也不會樂意幫忙的。

廣交朋友，積極主動

想要多交朋友，建立一張人際關係網，就要積極主動。光有想法是不夠的，必須將它化為行動。

各個行業都有許多出類拔萃的人物，他們的影響力非同小可，可利用與他們接觸的機會和他們建立良好的關係，這對你的前途至關重要。不要等待，一味地等待只會使你錯失良機，你應該積極地一步一步地去做，沒有什麼不好意思的。

如果你想多結交一些朋友，你就需要主動地瞭解對方的興趣嗜好。你可以透

過多種方式得到他們的喜好等方面的資訊，注意與其相處時累積的一些情況，或是透過他的朋友瞭解他的為人處世，也可蒐集他的一些基本資料瞭解他。

有些人，當他要結交新朋友時，總是想方設法知道對方的生日。於是，他四處請教這些人，問他們「生日是否會影響一個人的性格和前途」，並藉機叫他們把生日告訴他，然後悄悄地把他們的生日都記下，在這些人生日那天，依據交情深淺，送上誠心的祝福或小禮。很快地，那些人就對他印象深刻，把他當作好朋友了。

人與人交往中會出現一些交際的好機會。多一些有益的朋友，會有機會轉變你的一生。「獨木難撐大廈」，朋友在關鍵時候幫你一把，可能會直接導致你事業的成功。所以，要時時注意結交朋友的好機會。例如，朋友請你去參加一個生日聚會、舞會或者其他活動，你不要因為自己手頭事忙，一時懶得動身而拒絕，因為這些場合是你結交新朋友的好機會。又如，新同事約你出去逛街或者看場電影什麼的，你最好也不要隨便拒絕，因為這是發展關係的好機會。

結交朋友不僅要去把握機會，同時還要去創造機會。

有一種勝出的關鍵叫

人脈

如果你想和剛認識的朋友進一步發展關係，你可以對他們提出邀約，花費心思尋找機會跟他們多接觸。人與人之間，接觸越多，彼此間的距離就可能更近。這跟我們平時看東西一樣，看的次數越多，越容易產生好感。我們在廣播或電視中反覆聽、反覆看到的廣告，久而久之也會在我們心目中留下印象。所以，交際中的一條重要規則就是：找機會多和別人接觸。

一旦和別人取得聯繫，建立初步關係之後，便要設法鞏固和發展。交際中往往會有兩種目的，直接的無非就是想達到某項交易或有利事情的解決，或想得到別人某些方面的指導。如果並不是為了解決某個問題，或者不是為了某種利益關係，只是為了和對方加深關係、增進瞭解，以使你們的朋友關係長期保存下來，這可以看作是間接目的，這種間接目的可以使你的人生更豐富、更有價值。

如果能保持無事相求時也能輕鬆相互連絡的關係，才是最理想的狀態。真正可以親密往來的朋友，越是無事相求時越能盡情地交往，等到遇上有事相託時，即便三言兩語，彼此也能明白對方想說的話。此時，對方會盡己所能地幫助你。

2・滿足朋友的簡單方法

天下沒有白吃的午餐，

請求他人幫忙滿足自己的需求前，

必須先滿足他人的需要！

在這個社會上，求人辦事、請人幫忙時需要滿足他人的需求。

現實生活中，人們往往只想到自己的需要而不會想到別人，試想，天下哪有這麼便宜的事，對方得不到任何好處，會努力去為你辦事？

會交朋友好辦事的高手，往往在求人辦事時能替別人著想，並能夠輕而易舉地找到滿足對方的簡單方法。這種滿足不僅僅偏限於物質上，也包括精神上和感情上的。這要根據對方的性格、喜好、地位、興趣，然後投其所好，避其所忌，這樣辦起事來才能進退自如、成功有望。不能找到滿足對方的方法，就有可能把事搞砸。所以，我們力求找到能夠滿足對方的簡單方法，並以此來迎合對方的心

理，打開順利辦事的關鍵點。

給喜歡戴高帽的人送去讚美

人各有其情，各有其性。有的人喜歡聽奉承的話，給他戴上幾頂「高帽」，讚美他幾句，他就會使出渾身力氣幫你辦事。

某中學校長沒有預算修繕校舍，多次循規蹈矩，層層請示，卻沒有求來一分錢。無奈之下，校長決定向一家私人企業的老總求援。校長之所以找他，是因為這位老總重視教育，曾捐款五萬元並成立基金會。但眼下這個老總的企業效益不佳，校長覺得向這位經濟困難的老總募款，希望很渺茫。可是一想到全校師生的生命安全，只好「背水一戰」。經過反覆思量，校長覺得採用「真誠讚美法」較為適合。

「曹老闆，久聞大名。我近日在中學校務會議中再一次聽到教育界同仁對你的讚美，實在欽佩！今日散會返校，途經貴公司，特來拜訪。」

090

「不敢當！不敢當！」

「曹老闆你真是遠見卓識，創立基金會。不但在本市能實實在在地支持教育事業，更重要的是，你的思想影響力日漸深遠。基金會由你始創，如今已由點到面，由本市到外市，甚至發展到全國許多地區，真可謂香飄萬里、名揚四海……。」

校長緊緊圍繞曹老闆頗感得意之處，從思想影響到實際作用方面予以充分肯定，說得曹老闆滿心歡喜、神采飛揚。正當此時，校長開始訴說自己的「無能」和難處，「身為校長，明知校舍搖搖欲墜，時刻困擾學生的學習，日夜危及著師生的生命安全，卻毫無良策排憂解難。要是教育界的官員都能像曹老闆這樣，真心地酷愛人才、支持教育，撥款修繕校舍就好了。可是至今向上頭申請不下十次，仍不見分文。」

聽到這裡，曹老闆立即拍拍胸脯慷慨地說：「校長，既然如此，你就不必再去求三拜四了，修繕校舍的費用由我負責。」

校長緊緊握住曹老闆的手，由衷致謝。此時此刻，他一定體會到了給人「戴

「高帽」、「真誠讚美」的妙處了。

運用「戴高帽」和「真誠讚美」的方法求人幫忙，要特別注意感情的真實和言語的恰當。虛情假意不但不能引起對方感情上的共鳴，相反的，還可能被對方認為是對他的譏諷和嘲弄。言過其實，無限拔高，反而會引起反感，達不到預期的目的。只有情真意切，言語恰當，火候適中，才能收到預期的效果。

從實際情況出發，滿足對方的各種需要

從對方的實際情況出發，滿足他的各種需要，是我們求人辦事的最佳關鍵點。無論跟什麼樣的人辦事，我們都應瞭解他的需要，依其需要「對症下藥」，就很容易「藥到病除」，辦事成功。

詹森是一位傑出的商業家，他的投資範圍十分廣泛，包括旅館、戲院、工廠、自動洗衣店等等。可是出於某種考慮，他認為應該再投資一項雜誌出版業。

經由他人介紹，詹森看中了雜誌出版人魯賓遜先生。魯賓遜是出版業的大紅人，

很多出版商都爭相網羅，但始終無法如願。如何才能收購魯賓遜負責的雜誌，並將他網羅到自己的旗下呢？

經過調查和觀察之後，詹森知道魯賓遜恃才自傲，而且瞧不起外行人。但是，另一方面，魯賓遜現在已有家室，對於獨立操持高度冒險的事業已經沒有當初的興趣了，而且對於整日泡在辦公室裡處理日常瑣事早已深感乏味。

經過幾次接觸，詹森針對魯賓遜個人的性格和心理狀況，開門見山地承認自己對出版業一竅不通，因此需要借助有才幹的人來促成事業成功。接著，詹森把一張兩萬五千塊美元的支票放在桌子上，對魯賓遜說：「除了這點錢外，我們還要再給你應該得到的那些股份和長期的利益。」為了解除魯賓遜的公務煩惱，詹森指著幾位部屬說：「這些人都歸你管，主要是為了幫你處理辦公室的瑣事，把你從辦公室的繁瑣事務中解脫出來。」

這些條件滿足了魯賓遜的重大需要，確保了未來事業的穩定性，減少了冒險的風險，同時又免除了他不喜歡的繁瑣事務，讓他可以專心致力於出版業務的發展。於是，魯賓遜同意將他的雜誌轉手給詹森，並投到詹森的旗下，雙方簽訂了

五年的合約。

在這個故事中，詹森根據魯賓遜的實際情況，滿足了魯賓遜關於財務資金與擴展業務的需要，還減少了破產危險的需要，以及擺脫繁瑣事務專心鑽研業務的需要。詹森只付出了一筆比他預計的價格還低的金額，即獲得了一批有價值的資產，網羅到一位有才華的出版人，可見他求人幫忙的方法高超。

對好利者，設法讓他清晰看見利益

人人皆有好利的毛病，以利相誘無疑是一味特效藥。在現代社會，求人幫忙能讓對方清晰地看見利益，告之以利，使說服的過程變成尋求共同利益的過程，肯定會收到良好的效果，對方一定會為你盡力而為。

利益不一定是擺在桌面上的錢，一眼可見。它可能隱於事務內部，讓人看不明、數不清。這時，你有必要指給他看，數給他看。

一家商場為了方便顧客，想蓋一座停車場，但商場前面沒有空地，不過在商

場的左側緊挨著一家餐廳，前面倒有一片空地。商場經理跟餐廳老闆商量，想租一小塊地，老闆一口回絕，因為他不想為了區區一點租金影響自己的生意。

商場經理並不氣餒，派一位公關小姐去做說服工作。公關小姐對餐廳老闆說：「您租地給我們，是利大於弊：第一，我們租用的地方很小，不會擋住您的門面；第二，您每天生意最忙的時候，正是我們生意最冷清的時候，不會因為人多擁擠而對您的生意造成影響；第三，停車場蓋好後，來您這裡用餐的客人也可以停放車子，您這不等於是為自己蓋了一座停車場嗎？第四，來停車的顧客可能順便到您這來吃飯，這不是為您免費打廣告嗎？」

餐廳老闆一聽，道理全在，當下同意租地，而且免收租金。

在生活中，將好事當成壞事的情形所見良多，你指出其中之好，別人才會覺得不壞。每個人都是為己的，能滿足他的利益，對方自然樂意幫忙。每個人的需求是不同的，比如有的人好利好錢，見錢眼開，對這種人就要以金錢來滿足他；有的人愛慕虛榮，喜歡戴高帽，對這種人就要以讚美的方式，從精神上滿足他；有的人有錢有勢，喜歡附庸高雅，錢財根本就打不動他，求這種人辦事，就要摸

人脈

有一種勝出的關鍵叫

清他的嗜好，比如他喜歡某人的字畫，那你就可以設法去滿足他。

總之，找到滿足對方的方法，所求之事就會迎刃而解了。

3．對好為人師者虛心請教

三人行必有我師焉，每個人都可以是老師，

每個人也都有希望優於他人的心理！

在求學念書的階段，當你遇到學弟妹們向你請教各種問題，充滿敬仰地要求你談談自己的學習方法時，無論當時多麼不高興、多麼忙，你都會帶著一絲驕傲解答他們每一個稚嫩的問題，並從他們的目光中得到某種心理滿足。

如果我們能靜下心來仔細分析這樣的經歷，我們會發現，成就感是多麼早又是多麼牢固地根植於我們每個人的心靈深處。別人向我們求教，這就表明自己在某些方面是具有優越性的，如果說我們受到崇拜，並具備了一定的影響力，這並不過分。在別人請教時，我們心中的愉悅感和自豪感便會油然而生，它不僅主宰我們的情感，還有我們的理智。每一個健康的、心智正常的人都會對這種感受樂此不疲。

每一個人都喜歡別人向他請教，都具有好為人師的一面，這是人性的弱點。

要交朋友、求人幫忙，就要充分利用對方好為人師的弱點，利用得好，就會贏得對方的好感，事情就會辦得又快又好。

在某些方面適當地謙讓一下

人各有長短，對方資質再差，也有比你強的地方；你資質再高，也有弱的地方。因此，不妨常在某些方面讓對方表現一下，舒暢一會，感受一下比別人強的滋味。

例如，你的主管在業務上或寫文章上比不了你，但他的象棋下得好，那麼，你不妨經常在象棋方面向他請教，結果當然是你被殺得落花流水、片甲不留，看著你的狼狽相，就會顯示出他的成就感。

要求別人幫忙，你不這麼做是不行的，你如果表現得比對方或主管還要出色，對方在心理上就會呈現出一種挫折感，這樣一來，該幫的或不該幫你辦的事

都辦不成了。

要想求主管幫忙、得到好處，就要想法子滿足他的虛榮心，每個人都要懂得這種微妙的心理。

有一則這樣的故事：A、B兩個人都是某老闆的祕書，才幹不相上下，但是兩個人的做法非常不同。祕書A很善於領會老闆的意思，交出來的文件往往是一錘定音，老闆也挑不出什麼毛病來。而祕書B則似乎顯得有些笨拙，每次文件總是處理得有些不盡人意的地方，每次都要請教斧正，而文件一經老闆指點，立刻就能改得漂漂亮亮。

幾年後，人們發現，祕書A仍是祕書，而祕書B早已另有重用，高升一步了。有人問祕書B其中的奧祕，早已不再是祕書的她微笑著說：「如果你的資質能與老闆一樣高，甚至比老闆還高明，那要老闆幹什麼？」

祕書B主動貶抑自己，以請教來突顯老闆的高明，從而使老闆獲得了某種心理上的滿足，覺得祕書太能領會自己的意思了，而且似乎只有經由自己的一番指正，祕書B才能將文件處理妥當。這的確使老闆有一種成功感，而正是這種感覺

使祕書Ｂ獲得了自己的成功。

藉由請教贏得好感

長島的一位汽車商人，利用讚美和請教的技巧，把一輛二手車成功地賣給了一位蘇格蘭人。

那個蘇格蘭人想買一輛二手車，汽車商人帶著他看過一輛又一輛車子，但他一下說這台不適合，一下說那台不好用，價格又太高，使這筆生意一直沒有做成。

這位汽車商人思索了很長的時間，決定停止向那位蘇格蘭人推銷，而讓他自動購買。

幾天之後，當有一位顧客希望把自己的舊車換一輛新車時，這位商人就有了新的想法。他知道，這輛舊車對那位蘇格蘭人可能很有吸引力。於是，他打電話給蘇格蘭人，請他過來一下，特別幫個忙，提供一點建議。

那個蘇格蘭人來了之後，汽車商人說：「你是個很精明的買主，你懂得車子的價值。能不能請你看看這部車子，試試它的性能，然後告訴我這輛車子應該出價多少才合理？」

蘇格蘭人的臉上泛起一個大笑容，因為他覺得自己的能力受到賞識。他把車子開出去試了試，然後開回來。「如果你能以三千美元買下這部車子」他建議，

「那你就買對了。」

「如果我能以這個價錢把它買下，你是否也願意買它？」這位商人問道。

三千元，這是蘇格蘭人的主意和估價，這筆生意立刻成交了。

利用請教，就會收到事半功倍的效果。

請教對方的強項

虛心請教好為人師的人，要注意揀別人的長處或愛好方面請教，並且要做到不露痕跡，這會讓對方覺得全身都舒坦，請教得位、做得到位，自然好辦事。

人脈

一般來說，愛什麼懂什麼，一個人愛好書法，必定有豐富的書法知識，一個人愛好釣魚，釣魚經驗肯定比別人豐富。你沒有必要恭維其愛好如何如何，這樣的話他必然聽得太多，如一陣風吹過，腦中不留半點痕跡。這時，你虛心地向他討教，效果自然好得多。只要你虛心請教，他必定會耐心地向你傳授其中的奧妙。被請教的人滿足了炫耀技能的心理，就會在不知不覺中被你利用。

一次，一個年輕人到一位擅長書法的上司家求他辦一件事。他們的話題很快就落到書法上，年輕人謙虛地對上司說：「這些年我雖然努力練字，書法功力卻進步很慢，恐怕是不得要領，能不能請您稍稍洩露點祕訣？」

上司一聽，便滔滔不絕地講起了他的「書法經」來，他說：「我最大的體會就是練字『無劍勝有劍』，就跟令狐沖練劍一樣，平時心中多揣磨，多看多記，不一定非整天坐在那裡練字不可……。」

關鍵在於心得，不一定非整天坐在那裡練字不可……。」

年輕人很高興地說：「現在得您『真傳』，以後用心練習，定會大有長進。」

上司很高興，臨別時還送了他幾幅字讓這位年輕人臨摹。不用說，該幫的忙也成了小事一樁，一下子就辦妥了。

4・苦情換同情

唯有動之以情能突破人們心房！

人非草木，孰能無情？

艱苦的身世和經歷是最容易打動別人的武器，在求人辦事的過程中，如果能巧妙地利用自己艱苦的身世和經歷，博取對方同情，便能融洽人際關係，把事辦好。

日本歌手北島三郎和職業棒球選手江川卓都是日本家喻戶曉的名人，他們幾乎在同時建造了豪宅，但奇怪的是，一般人認為北島三郎的住宅修建得「既漂亮又氣派」。相反，對於江川卓的住宅卻說：「建造這麼豪華的住宅，真令人厭惡！」

之所以會產生如此不同的感覺，是因為北島三郎從小流浪，經過千辛萬苦，後來才成為名歌手，這種艱苦的身世使一般人對他有一種親切感，能博得別人的

同情。而江川卓就沒有那種博得別人同情的艱苦身世，所以，人們都不捧他的場。

在生活中我們常常看到那些已經成名，生活過得富足的歌手，他們常常在舞台上含著熱淚訴說他們過去的艱苦生活。諸如自幼喪父、生活艱苦或者到處漂泊，還要照顧生病的母親等等不幸經歷。他們的這種經歷往往能博得人們的同情，能牢牢地抓住別人的心，讓大家為他的成名在感情上加分。

日本前首相田中角榮之所以得到國民的愛戴，就是因為他來自雪國越後地區，經歷了艱苦的歲月，他的人生經歷得到了國民的同情和支援，後來成了一國的首相。

艱苦的身世和苦難的經歷，會得到別人的支援和同情，能在感情上引起別人的共鳴，有了這一點，求人辦事就順利得多。

博取同情和憐憫，攻破對方的心理防線

會交友辦事的人，大都善於博取對方的同情和憐憫，以達到自己求人辦事的

目的。

大家都知道「臥薪嘗膽」的故事。越國國君勾踐被吳國的夫差打敗以後，勾踐作為敗亡之君，不得不尊從吳王夫差的條件，懷著滿腔的羞愧，帶著送給吳王的宮廷美女及金銀財寶，以及自己的王妃虞姐，去吳國做囚徒。

勾踐深知要復國報仇，除了忍之外，還要以卑微的姿態博取夫差的同情和憐憫。勾踐養馬放牧，除糞灑掃，辛勤勞作，沒有一絲怨恨之色。

一日，吳王夫差登上姑蘇台，遠遠望見勾踐和夫人端坐在馬糞堆旁，心裡就有了同情和憐憫之心。他對太宰伯喜說：「在這種窮厄的境地還能堅持，真不容易，我很敬佩他們。」

伯喜說：「不但可敬，更是可憐啊！」

夫差說：「太宰所言極是，我有些不忍心看了，倘使他們能改過自新，就赦免他們，讓他們回國吧！」

一日，勾踐聽說吳王夫差生病，請求探視，此時恰逢吳王要上廁所，勾踐便說：「臣在東海曾跟大夫學習過觀察人的糞便，就能知道人的病情。」

一會兒，吳王上完廁所，將桶子拿到門外，勾踐揭開桶蓋，手取其糞，跪在地上嚐了嚐。左右都掩著鼻子。勾踐又走到室內，跪下叩頭說：「囚臣敬賀大王，大王的病一至三日就可以痊癒了。」

吳王夫差問：「你怎麼知道的？」

勾踐說：「臣聽大夫說，夫糞者，穀味也，順時氣則生，逆時氣則死。今囚臣嘗大王之糞，味苦且酸，正應春夏發生之氣，所以知之。」

夫差大受感動，說：「你真仁義啊！比我兒子侍候得還好。」

不久，夫差就送勾踐回國了，這就有了後來的滅吳之舉。

求人辦事，忍耐只是它的「形」，通過忍耐以獲取所求之人的同情和憐憫才是其「神」。因為只有這樣，才能攻破對方的心理防線，對方才可能考慮你的要求。

要想得到別人的幫助，對自己孜孜以求的人保持耐心，使對方對你的行為和經歷表示同情和憐憫，並由此生出好感，這樣總有一天會攻克對方心中的堡壘。

讓對方以拯救苦難的姿態伸出手來幫你

人非草木，孰能無情？仁慈心、同情心是人類情感世界中最基本的組成部分，世界上每個人差不多都具有同情弱小和憐恤受難者的仁慈感情，利用這種人性中善良的光輝可以照亮自己的世界。用自己坎坷遭遇的愁容和淒涼悲愴的眼淚，可以使對方的感情之水為之蕩漾，即便鐵石心腸，也會網開一面，伸出熱情之手，答應並幫助你把事情辦成。

求人幫忙，若是能打動對方的惻隱和同情之心，你所求的目的就可以達到，而眼淚則是這種打動他人惻隱之心的最好武器。

宋朝太宗年間，曹翰因罪被罰到汝州。曹翰苦思返京之策。一天，宮裡派了位使者到汝州辦事，曹翰哪裡肯放過這個機會。他想辦法見到了使者，流著淚對他說：「我的罪惡深重，就是死也贖不清，真不知怎樣才能報答皇上的不殺之恩，現在只想在這裡認真悔過，來日有機會一定誓死報效朝廷。只是我在這裡伏罪，家裡人口太多，缺少食物快活不下去了，我這裡有幾件衣服，請您幫我抵押

一萬文錢，交給我家裡換點糧食，好使家裡大小暫且糊口。」說到傷心之處越發淚流不止。

使者回宮如實向宋太宗做了彙報。太宗拿過包袱打開一看，裡面原來是一幅畫，畫題為《下江南圖》，畫的是當年曹翰奉宋太祖旨意，任先鋒攻南唐的情景。

太宗看到此圖想起曹翰當年的功勳，心裡很難過，憐憫之情油然而生，決定把曹翰召回京城。曹翰打動人心的戰法奏了效。

一般的人都是感情型動物，只要你能博得同情，你所求的目的就能達到。

在日本的一次國會議員選舉中，有一位田中派的候選人，由於田中形象的陰影使他處於不利的形勢，但最後仍當選了。他就是採取「我被沉重的田中事件的十字架壓得透不過氣來」等低姿態，以流淚的神情來爭取民眾的同情，而他的夫人也站在街頭向來往的行人哭訴，因此獲得了多數民眾的同情票。

找人幫忙，要想把事情辦成，必須在人之常情上下功夫，必須把自己所面臨的困難說得在情在理，令人痛惜惋惜和可悲可惜。所以，越是哪一點給自己帶來

遺憾和痛苦的地方，則越是大加渲染。這樣，你所求之人才願意以拯救苦難的姿態伸出手來幫助你辦事，讓你終生對他感恩戴德。因為大凡能激發人的慈悲之心和仁愛之心的事情，都能引起人們的同情和幫助，還能使人在幫助之後產生一種偉大的濟世之感。

5・公眾場合，不提私事

買貨看顏色，說話分場合，

什麼時候該說話？什麼時候該閉嘴？

什麼話能說？什麼話得私下說？

不懂得拿捏分寸，友情只會破局。

在公眾場合最好不要提私事，不管是說話或請客送禮，都應根據不同的場合，「因地制宜」地進行，千萬不能無視大眾場合的各種因素，只管自己高興和辦事的需要，這樣會把事情弄得很糟，導致求人辦事失敗。

有一個人去找一位做老闆的朋友辦點私事，正巧他的老闆朋友與幾個客戶在談生意，他請老闆的祕書通報一聲。

祕書走進來跟老闆說：「您的朋友在門外等候，我說您現在正忙，可他執意要見你。」

110

於是老闆跟祕書說：「那就先讓他進來吧。」

沒想到這位朋友一進門，便滔滔不絕地把自己的事同老闆說上了。老闆好幾次示意他先停下來，等自己同客戶談完了再說，可是這個人憑著自己與老闆的多年交情，根本就沒當回事兒。客戶看實在無法與老闆談了，就說：「你先跟你的朋友談吧，我們改天再來。」客戶說完就離開了老闆的辦公室。

就這樣，一樁很賺錢的買賣被朋友的一樁私事給攪渾了。當時老闆真想大罵朋友一場，可是老闆心想：「算了吧，畢竟是多年的朋友，以後不跟他來往就是了。」從此，老闆再也不理他的這位朋友了。

古人說「買貨看顏色，說話分場合。」說的就是不要在公眾場合提私事的道理。不管對方是你的新朋友還是老朋友，都不要在公眾場合提私事，因為人多嘴雜，你提的私事可能不便，也有可能不適時宜，更可能上不了臺面，只有在私下說才合適，要知道，你在公眾場合所提的私事，別人也不好直接答覆你，有時因為人多還有可能在事後忘卻你提的事。

有些人在公眾場合，不理解別人所處的立場，只顧提自己的私事，有時不慎

還會說出不應該說的話。這不僅不利於交友辦事，還有可能產生不利的影響，甚至丟掉性命。

明太祖朱元璋出身寒微，做了皇帝以後自然少不了有昔日的窮哥兒們到京城找他，這些人認為朱元璋會念在老朋友的情分上給他們封個一官半職。

有位朱元璋兒時的好友，千里迢迢從老家鳳陽趕到南京，幾經周折才進了皇宮。一見面，這位窮哥兒們便當著文武百官的面大聲嚷起來，「朱老四，你當了皇帝可真威風啊！還認得我嗎？當年我們一塊兒光著屁股玩耍，你幹了壞事總是讓我替你挨打。

「有一天我們在蘆花蕩把偷來的豆子放在瓦罐裡煮，還沒等煮熟，大家就搶著吃，把罐子打破了，撒了一地的豆子，湯都潑在泥地裡。你只顧從地下滿把地抓豆子吃，卻不小心連紅草葉子也送進嘴裡。還是我出的主意叫你用青菜葉放在手上一併吞下去，才把紅草葉子帶下肚子裡去……。」這位窮哥兒們還在喋喋不休嘮叨個沒完，朱元璋再也坐不住了，下令把這個窮哥兒們殺了。

求人幫忙也要看時間和場合。同樣的話、同樣的事在不同的時間和場合對同

一個人說，產生的效果是不一樣的。

有一個人同樣是和朱元璋在小時候玩、一起偷豆子煮著吃，由於這個人不是在公眾場合，而是私下拜見朱元璋，見面的時候，他說：「萬歲，當年微臣隨駕為蕩蘆州府，打破罐州城，湯元帥在逃，拿住豆將軍，紅孩兒當關，多虧菜將軍。」

朱元璋聽他說得好聽，心裡很高興。細想起來，隱約記得他的話裡包含從前的事情，所以就封了個御林軍總管。這位會分場合辦事，嘴乖心巧的苦朋友從此就做起大官來。

上述的兩個人所說的內容完全相同，結果卻完全不一樣。這是由於他們一個注意了場合，一個沒有注意場合；一個會說話，一個不會說話。

在眾目睽睽之下是不便提私事的，特別是跟朋友攀附關係時。因為絕大多數的人都不願公開自己的身世和社會關係，你一提私事，就可能提到兩人從前的交情，特別是已經發達的朋友或上司，你所說的話可能會傷害到他，讓他為難或面子上過不去。所以，找朋友辦私事，特別是找主管辦事時，一定要考慮場合和環

人脈

境，有的事要到朋友的辦公室裡談，有的事則要私下到朋友家裡談。

找主管辦私事，最好的時間點是與主管閒聊的時候，或是在酒桌上小酌、在茶餘飯後散步的時候，或者在主管心情好而且還具有辦私事興頭的時候，在類似這樣的時間和場合與主管套關係最容易切中他的心意，最容易令主管買帳，也容易辦成事。

114

6.當面不能說的話，背後也別說

流言蜚語，傷人傷己，

別人愛說管不著，自己能閃則閃。

中國有句俗話：「寧在人前罵人，不在背後說人。」這個意思就是說，別人有缺點、有不足之處，你可以當面指出，令他改正。但是千萬別當面不說，背後亂說，這樣的人不僅會令被說者討厭，同樣也會令聽者討厭。

特別是在人際關係複雜的公司裡，當面不說拿到背後去說，會製造一些誤解和麻煩。

某公司企劃科的李全榮升為辦公室主任，同一間辦公室坐了幾年的同事忽然升遷了高位，對每個人來說都是一個刺激與震動。平日不分高下，暗中競爭的同事成了自己的上司，總讓人有那麼一點酸酸的感覺。

於是李全的幾個同事開始在背後嘀嘀咕咕了，「哼！他有什麼本事，憑什麼

升官？」一百個不服氣與嫉妒就都脫口而出了，於是你一句我一句，把李全數落得一無是處。

王新是分配到企劃科不久的大學生，見大家說得激動，也毫不顧忌地說了些李全的缺點，如辦事拖拉、疑心太重等，他說的都是事實，可偏偏其中有一個總愛陰奉陽違的同事張昇，背後罵得比誰都厲害，當面又比誰都會趨炎附勢，這種人既表現出自身缺乏涵養，又破壞了人際關係。

第二天，張昇把同事之間的批評轉達給李全，李全心想：「別人在背後說我，我倒是可以理解，但王新乳臭未乾有什麼資格說我？」從此對王新很冷淡。

王新的滿腔熱情得不到重用，還經常受到李全的指責和刁難，成了背後說人壞話的犧牲品。

一個正直的人有話說在當面，不在背後亂說別人。如果你經常在背後說別人的壞話，一旦被對方知道了，免不了要對你抱怨一番，甚至會同你發生爭吵。要是你們以前交情很好，或者是好朋友，你在背後說他壞話，也會影響你們之間的交情，即便是以前對你印象很好的人，也會在他心中出現陰影，以前的好感瞬間

消失。因此，我們要時常提醒自己，莫讓嘴巴破壞了自己的好名聲，破壞了朋友之間的關係。

背後說別人，損害的是自己的形象

「誰人背後無人說，誰人背後不說人。」這話雖然說得有些絕對，卻也說明了一個道理，那就是——大多數人都多多少少地在背後說過別人，只是所說的是好話還是壞話無從考證罷了。

不過有一點，經常在背後說別人壞話的人，肯定不會是受歡迎的人。因為凡是有點頭腦的人都會自然而然地這麼想：「這次你在我面前說別人的壞話，下次你就有可能在別人面前說我的壞話。」這樣一來，你在別人的印象中就不可能好到哪裡去。

有一天，方同和朋友去動物園參觀。當他們走到猴子的展示區時，他指著其中一隻說：「你看這猴子，牠的長相、舉止很像我的一位同事。」

人脈

方同的朋友聽了，心裡很不是滋味。表面上附合說：「是嗎？」內心裡卻這麼想：「方同這人真是不可信任，這樣說別人，不知道他在別人面前是怎麼說我的。」後來，這位朋友與方同漸漸疏遠了，方同卻一直不明白是自己背後說別人引起的。

老衛和老吳是一對在同一科室配合了數年的老搭擋，平日關係極好，兩人無論誰受了同事的「欺侮」與誤解，另一方都會挺身而出，「仗義直言」，為老友尋個公道，真可謂榮辱與共。

可最近他們竟然因一點小事鬧起了矛盾。同一辦公室的老丁看到這種情況，想出面做個和事佬，最終化干戈為玉帛，讓他們和好，今後求他們辦事也方便。

於是，老丁先跑到老衛家，說大家為了點小事把關係搞僵不值得，並隨便指出老吳的不是之處，希望他們諒解、和好。緊接著，老丁又跑到老吳哪裡，以同樣的方法說了一通。

老丁好不驕傲地回到家裡，暗想此事辦得實在漂亮，那兩位肯定和好如初，對自己感激不盡。不想等了數天，老衛和老吳不僅沒有絲毫謝意，反而對其冷淡

之至。

為什麼會這樣呢？因為老衛和老吳畢竟交情深厚，為一點小事鬧鬧矛盾就過去了，而老丁到老衛處說老吳的不是，又到老吳處說老衛的不是，雖然是好心好意想幫他們化解矛盾，但讓人覺得在背後說人，不是正直的人所為。從另一個角度說，如果老丁當著老衛、老吳的面，勸說他們不要為小事而鬧矛盾，應該以和為貴，那結局自然就不同了。

某人到一家公司上班後，除了工作外，他每天要到上司那裡說同事的壞話，踩著別人的肩膀往上爬，最後終於爬到了一個比較理想的位置。可是有一天上司對他說：「你被解雇了，請你離開這裡吧！」他很納悶，問：「我不是做得好好的嗎？怎麼這樣呢？」上司說：「你來公司工作的這段時間，我都沒聽你說過別人的一句好話，總不會是每一個人都不如你吧？」就這樣，這個人只好捲舖蓋走人了。

每個人心中都有一把尺，再怎麼瞞天過海也會有水落石出的時候，更不要說在背後說別人了。

日常生活中，如果我們遇到別人在你面前說另一個人的壞話時，你千萬要端正自己的態度，不要被他的話語左右你的思想，更不能學習他的做法，應用辯證的思維去考慮這種情況，把握好應對的分寸，更重要的是自己不要背後說人，這樣才能做一個受人歡迎、受人尊敬的人。

不議是非，更不要散播「耳語」

古人有「閒聊莫論人非」的警語，我們在與別人閒聊的時候，最好不要談論別人的是非。在公司裡，即使你的老闆或同事有什麼公開的祕密，你也別去議論，別人愛怎麼說就怎麼說，你能不聽就不聽，能溜就溜。同樣，有些類似「公司福利不好」、「公司老讓人加班，就是不給加班費」，這種話在同事之間說也白說。如果傳來傳去被人添油加醋地傳到老闆耳朵裡，你連解釋的機會都沒有。

天下沒有不透風的牆，今天你和同事議論「誰沒有能力，辦不了事情」，過幾天就可能被那人知道了，你還不知怎麼回事就可能把人給得罪了。

如果你跟同事議論如何整老闆，如何工作偷懶的「技巧」，那你就要更加小心了，你這樣毫無禁忌，說不定下一個被裁員的可能就是你了。

耳語，就是在別人背後說的話。有時，你可能不小心成為「放話」的人；有時，你也可能是別人「攻擊」的對象。這些「耳語」，比如老闆喜歡誰？誰吃得開？誰有緋聞等等，就像噪音一樣，影響一個人的心情。

生活中總有一些人，只要有空就閒不住，到處打聽小道消息，然後四處發布。他們不管這些消息真實與否，只喜歡耳語能引起的轟動效應，儘管它們可能傷害別人，他們也樂此不疲。

你要避免做這種人。你要知道，這種人會毀壞自己的榮譽，失去良好的人際關係，別人也會找你要個說法，從而失去對方的信任。傳播耳語只能給別人帶來痛苦，給自己帶來的則是無盡的煩惱。所以，要想在社會上吃得開，就要懂得該說的就勇敢地說，不該說的絕對不要亂說。

7‧讚美別人，贏得讚美

真心讚美不花分毫，卻是無價，

懂得讚美，就擁有最有價值的武器。

一提起恭維和讚美，可能有人馬上就會把它與巴結討好、阿諛奉承聯繫起來。其實，這完全是兩回事，恭維和捧人是為了協調人際關係，以表達自己對別人的尊重，增進瞭解和友誼，更重要的是，交上朋友好辦事。

人的天性總是喜歡得到別人的讚美，每個人對他人都有一種期待心理，希望得到尊重，希望自己應有的地位和榮譽得到肯定和鞏固，這就需要得到別人恰如其分的恭維和讚美。

讚美是一種成人成己的手段。有句老話說：「不要長他人志氣，滅自己的威風。」讚美別人，的確在長他人志氣，但絕不是滅自己的威風。讚美是朋友間互相長志氣，這有什麼不好呢？

讚美，也叫作互相標榜，自古有之，但不是吹噓。吹噓的東西往往不切實際、刻意誇大，而「捧」則是有根有據，只要你能用「金無足赤，人無完人」的眼光，多看朋友的長處，少找缺點，則「捧」的素材就會非常多。

有幾個朋友聚在一起，酒席上觥籌交錯，一人扯起話題，「張兄，近來可有新作？」不待姓張的回答，另一位說：「李兄，這還要問嗎？張兄才思敏捷、文采過人，又勤於詩書，怎會無大作出來。」張兄聽了，心裡十分高興，口上卻說：「孫兄言重了，幾篇文章算什麼，百行孝為先，孫兄的美名，已遠播百里……。」

讚美就是這樣，你讚美別人，別人也讚美你。讚美的話從別人嘴裡聽來，不僅自己的心中舒服，而且會給別的聽眾以好感，讓大家對你另眼相看，這種成人成己的事，何樂而不為？

讚美講究方法

讚美別人，對自己有益，但讚美也要講究方法，如果方法不得當，就難以達到目的。

· 讚美的話要坦誠得體，必須說中對方的長處

讚美的首要條件，要有一份誠摯的心意及認真的態度。言詞會反應一個人的心理，因而輕率的說話態度，會讓對方產生不快的感覺。讚美也不要說得太離譜，這樣別人會覺得你太虛偽。

初次見面，適當地恭維人家是有禮貌、有教養的表現，不僅可以獲得好感，還可以使對方在心理上和情感上向你靠攏，縮短彼此之間的距離。

· 背後讚美的效果更好

讚美人最要不得的一種是，只當著甲的面來讚美甲，他可能不吃這一套。假

如你當著大家的面來讚美他，為他作一次義務宣傳，他一定很高興，只要你說得不過火，大家也不會覺得你是有意吹噓的。

讚美最好的方式是在背後讚美他人。一傳十，十傳百，總有一天會傳到他耳朵裡，不由得他不感激你。時機一到，他也會讚美你一通，並不會忘記你使他美名遠播。

美國羅斯福總統有一個副官名叫布德，他對讚美有一套見解：背後讚美，比當面讚美更有效。

這是一種至高的技巧，在人背後稱揚人，在各種恭維的方法中，要算是最使人高興的，也是最有效果的了。

如果有人告訴我們：某某人在我們背後說了許多關於我們的好話，我們會不高興嗎？這種讚語，如果當著我們的面說給我們聽，或許會使我們感到虛假，或者疑心他不是誠心的，那為什麼間接聽來的便覺得悅耳呢？

德國的鐵血宰相俾斯麥，為了拉攏一個敵視他的屬下，便有計畫地在別人面前讚揚和吹捧這個屬下。他所說的話最後傳到那個敵視他的屬下的耳朵裡，後來

兩人成為無話不談的政治盟友。

這是一種巧妙的馭人術。在背後讚美人，會使人感到更真實，如果傳話的人再誇張點，那就更悅人、更能產生奇效。

現在的年輕人不是很喜歡讚美別人，不外乎以下這幾種原因：一是不屑，認為讚美是趨炎附勢，有損人格；二是眼光太高，看不起別人，沒人值得讚美；三是以為讚美別人，自己的地位會下降，相形見絀；四是不好意思，怕被別人笑話。

其實，讚美不是吹噓，要有根有據，而非捕風捉影，更關鍵的是，適當的讚美對處理朋友之間的關係有很大的幫助，當然對辦事也有實實在在的好處。

把對方讚美上天，不幫你將有損他的自尊心

在現代社會活動中，人們會不同程度地「有求於人」。怎樣才能求得對方替

你辦事，而不至於被對方拒絕呢？這就需要你巧妙地讚美他，將對方引入你設定的情景，然後提出你的要求，這樣會使你的要求成功地得到滿足。

這種讚美、恭維對方的方式，是一種高妙的「綿裡藏針」，能極大地滿足對方的虛榮心，當對方飄飄然時，突然提出自己的要求，並在話裡話外，使對方感到你在懷疑他的能力和權威，一旦感到權威受到了挑戰，他就必須盡全力證明給你看。如果辦不到你所求的事，就會有損自己的自尊心，這時他只有想方設法硬著頭皮為你辦事了。

・把對方美化成道德上的「完人」

把對方美化成道德上的「完人」，那麼道義上的事對方必然當仁不讓。

例如，有一位母親在和別人聊天的時候，正好談到自己的兒子。這個兒子有一個簡單得不能再簡單的要求，想求母親為他買一條新的牛仔褲，但兒子怕遭到母親的拒絕。在這種情況下，母親是不可能滿足他所有的要求的。於是兒子採用了一種獨特的方式，他沒有像其他孩子那樣苦苦哀求或耍賴，而是一本正經地對

母親說：「媽媽，妳是世界上最好、最漂亮的媽媽，妳有沒有見過一個孩子，他只有一條牛仔褲？」

這頗為天真而略帶計謀的問話，一下子打動了母親。事後，這位母親談起這事，說到了自己當時的感受，「兒子的話讓我覺得若不答應他的要求，簡直有點對不起他，哪怕在自己身上少花點，也不能太委屈了孩子。」

一個小孩子以一句話就說服了母親，滿足了自己的需要，他從母子道義上刺激母親，讓母親覺得兒子的要求是合情合理的，而不是過分的。

這種事例在日常生活中還有很多很多，也許當事人自己都沒有感覺到什麼特殊之處，但又確實是憑著道義上達到了辦事的目的。這時，人的自尊、名聲、道義、榮譽、能力……等等，都可以成為你求人辦事的武器。

· 把對方標榜為能力上的「超人」

把對方標榜為能力上的「超人」，那麼分內的小事自然不在話下。

美國黑人富豪詹森修建一座辦公大樓，但在資金上還有三百萬美元的空缺，

他出入多家銀行都沒有貸到這筆款項。

可是工程仍在持續進行，等到所剩的錢僅夠再花一個星期的時候，詹森約一家銀行的主管一起吃飯，席間銀行主管對詹森說：「這兒我們不便談，明天到我的辦公室來談吧。」

第二天，當詹森斷定該銀行很有希望給他抵押借款時，他說：「好極了，唯一的問題是，今天我就要拿到貸款。」

「你一定在開玩笑，我們從來沒有一天之內就能辦妥這種事的。」銀行主管說。

詹森把椅子拉近，道：「你是這個部門的主管，也許你應該試試看你有無足夠的權力把這件事在一天之內辦好？」

銀行主管微微一笑，「你真是會逼人，不過，還是讓我試一試。」

這個銀行主管試過以後，本來以為辦不到的事竟然辦到了，詹森也在錢花光之前拿到了這筆貸款。

這裡的關鍵是找到並擊中了對方的要害，迫使他就範。就這件事來說，要害

是那位主管對他自己權力的尊嚴感。

· 讚美對方與你需要相對的能力或成績

當一個人很有興趣地談到他的專長、他所取得的成績，或他的業務成果時，你適時地提出與之相關的要求，在這樣的時刻，他拒絕你的可能性最小，你的要求得到滿足的成功率最大，這是經過心理學家及社會學家的實驗證明的。當你有求於人時就去讚美對方，營造一個合適的氛圍，使你的需求最大可能和最大程度地得到滿足。

宋逸是某一研究所的高級工程師，人在台北工作，但妻子和小孩都和父母一起在台南的老家居住，所以他和家人兩地分居十多年了，這期間他錢花了很多，禮也送了不少，可就是沒辦法調去台南的分院工作。

這事搞得宋逸精疲力盡又無可奈何，此時，在職位調動過程中發揮關鍵作用的所長換人當了，宋逸聽說這位朱所長能急人之急，為大家辦事，他先瞭解了幾個受朱所長幫助的例子，然後登門拜訪。

他一開始沒談自己此行的目的，先是讚美朱所長，說他比較突出的成績和樂於助人的事蹟。朱所長也很謙虛，直說：「哪裡、哪裡，有的職員因為工作的關係和家人分居好幾年，我只是幫了一下忙，做我應該做的事。」

到了這個關口，宋逸乘機提出自己的問題，「朱所長，我也有點小事需要麻煩您，我也和家人兩地分居十多年了，一直沒有辦法解決，本來已經放棄了，剛好聽到大家都在稱讚您，心中仰慕，便來請您幫幫忙。」接著宋逸講述了一下自己的情況，朱所長讓他回去靜候佳音。果然，一紙人事令到手，宋逸全家團聚。

在這個事例中，宋逸是有求於人的，他所求的正是這位所長的分內之事，並且這位所長也因之名聲遠播。宋逸首先對所長進行吹捧，使所長在興頭上輕鬆地解決了長期懸而未決的問題。

求人辦事，讚美對方的能力和權威，如果他幫不了你，就會在自尊心上受不住，臉上無光。只要你讚美得當，抓住對方的弱點，那就沒有辦不成的事。

8・送禮在平時，並會挑時間

送禮除了講禮，更要有理，

才能送得歡欣，收得開心。

台灣人講關係、套交情，都離不開「禮」字，於是「禮」成了搞好關係的最佳物品。

送禮給朋友，不外乎想搞好關係，而搞好關係，不外乎是為了自己生活在這個社會上的「便」與「達」，也是生存在這個社會上求人辦事所必須的。

送禮大有學問，關鍵是要會送。

陳先生有一次開車去看朋友，心想離開朋友家的時候才把禮物從車上拿下來。於是，他空著兩手就進了朋友家，大家寒暄一番，時近中午，朋友沒有留他的意思。陳先生起身告辭，說：「我買了一些東西放在車上，我去拿下來。」朋友一聽，馬上說：「今天中午怎麼能走呢？就在我這裡吃個飯吧。」朋友的妻子

132

也立刻轉身去了廚房。

那次以後，陳先生算明白了一個道理，拜訪朋友，採用「兵馬未到，糧草先行」的策略，先把禮物一放，不管是大是小，是多是少，只要有禮在，包准做事一路通。

送禮是辦事的交際藝術

「禮」在社會生活和人際交往中發揮良好的潤滑作用。

日本產品之所以能夠成功打入美國市場，其中最重要的祕密武器之一，就是日本人的小禮物。日本人做生意確實想得很周到，特別是在商務交際中，小禮品是必備的，而且根據不同人的喜好，設計得非常精巧，可謂人見人愛，很容易讓人愛禮及人。

小禮物發揮了非同小可的作用。在現今的商業社會，往往是「利」、「禮」相關，先「禮」後「利」，有禮才有利。同樣的道理，你在送禮求人辦事時，送

禮的功夫如果能像日本人一樣到家，不顯山露水卻能打動人心，就能把要辦的事輕鬆辦好。

送禮其實是一種藝術和技巧，從時間、地點一直到選擇禮品，都是一件很費心思的事情。

例如，一些大公司在電腦裡有專門的紀錄，會針對一些公司的主要關係人物，把他們的身分、地位以及愛好、生日日期都建檔，逢年過節或者什麼合適的日子，總有例行或專門的送禮行為，藉此來鞏固和發展自己的關係網，確立和提高自己的商業地位。

人們都講禮尚往來，人之常情，在求人辦事時更講究送禮。送禮是表現心意的一種形式，禮物是一種友情的表示，在台灣早就有投之以桃，報之以李的習俗。

134

禮，要送在平時

關係，需要經常維護，朋友之間也要常走動，關係才不會斷。帶份禮是最好不過的方式，朋友會說你太客氣了，說你不當我是朋友，告訴你下回千萬別帶東西。你要真聽了，那就大錯特錯了，其實朋友心裡很高興，證明他在你心中很重要，你常想著他。

理由很簡單，你重視他、夠朋友，表現在禮上，看得見、摸得著，所以他一定會高興，並且在適當時候給你回報。

禮，要送在平時，可謂「晴天留人情，雨天好借傘」。有些人覺得求人辦事是一種短、平、快的交易，何必花那麼多的冤枉心思去搞馬拉松式的感情投資？

其實，運用「送」的方法求人，切不可爭急近利，完全可以把「送」作為求人辦事的人情鋪墊。

送禮給那些對你來說有直接利害關係的人，怎麼個送禮法，或什麼時候送去，這裡面大有學問。

在別人給你幫過忙之後，再將禮物送去，對方一定會認為你這樣做是理所當然的。如果你從未拜託人家幫忙，並將禮物煞有其事地送去，受禮者的想法就會大不一樣。他肯定會記著你，一旦有事相求就會竭盡全力幫你。

「無事不登三寶殿」，當你有事的時候，才想起某某朋友可以幫上忙，往往會犯「大禮不解近憂」的錯誤，即使你想提上大包小包的東西，人家也未必會給你這個方便。朋友維繫關係，功在平時，這樣朋友之間才可能有求必應。常常有這樣的說法：「你瞧這人，用得著的時候才想起我。」這說的就是平時不送禮，有事求人了再去送禮。

禮要用在用不著朋友的時候，才能盡顯威力。送禮要送在平時，要知道，好的人際關係才是求人成功的基礎，但好關係的建立不是一朝一夕就能做到的，必須從一點一滴入手，依靠平日的積累。有了「鐵」關係墊底，何愁求助無門？

送禮要會挑時間

生活中常發生這樣的事：你帶了份禮物去請朋友幫忙，他答應了。隔幾天，你問他時，他說：「什麼事？我忘了，那天去的人太多了。」你這才想起，你上次去的時候恰恰逢過節。

所以說，送禮要會挑時間。所謂挑時間，就是要把握好送禮的時機。

· 雪中送炭

常言說得好：「情願雪中送炭，不要錦上添花。」意思是說，當別人處於困境當中，你伸出援助之手，不啻於冰雪天給飢寒交迫的人送去一簍炭，及時而又必須，會使受禮人終身難忘。而如果別人什麼都不缺，你送的東西，其有效價值就要大打折扣了。

比如，朋友家碰上意外之災，經受重大的經濟打擊，你及時去看望他們，順便帶點錢或購買些日常必需品，禮雖輕，情義重，它會使你和朋友之間的感情更

人脈

加深厚。

有一位經理在退休前，每逢年底，訪客不斷，禮物、賀卡就像雪片一般飛來，可退休以後，卻變得寥寥無幾了，更沒有人給他送禮了。正在他心情寂寞的時候，以前的一位下屬帶著禮物來看他，在他任職期間，並不很重視這位職員，可是來拜訪的竟是這個人，不覺使他感動得熱淚盈眶。

過了兩三年，這位經理被原來的公司聘為顧問，自然就提拔、重用這個職員。因為他在經理失勢的狀態下登門拜訪，送上了自己的禮物和心意，因此在經理心中留下了很深刻的印象。同時，讓他產生了「有朝一日，一旦有機會，我一定得好好回報他的想法。」

‧不要給人遲到的祝福

親朋好友遇有佳節喜慶，酬以薄禮以示祝賀，這對密切的友誼是非常有益的，但送禮要趕在前頭，否則不如不送。因為親朋好友之間，人情會有很多次，如果事後去送禮，會搞得雙方都很尷尬，對方收了吧，佳期已過，不收又

怕壞了你的面子。不送不過是疏忽而已，事後送去，反而加深了你忘記對方好日子的印象。

要避免這種現象的發生，平時可以準備一本記事本，把應酬饋贈之事記上，時時看看，有事及時辦，可免去你不少煩惱。

·趁對方在家時送禮

送禮時最好選擇對方在家的時候。送禮總是為了達到一定的目的，或者是為了增進友誼，雙方面對面地交談更能加深感情，禮物只是輔助品而已。尤其是求人辦事，更需要主人在家時向對方表達你的意圖，否則即使你是通過他的家人向他轉達你的意思，也不如當面陳述給人印象深刻。

因此，不要託旁人轉送禮物，因為這樣不禮貌，此外，有些受禮人不希望別人知道自己接收禮物。

‧ 切忌在公開場合送禮

送禮這種事在公開場合進行總是不妥的。送給主管，他會擔心有受賄之嫌，你會被人譏為「馬屁精」，因為人言可畏，有時候不僅辦不了事，還會給自己帶來不必要的麻煩。

一般朋友也是如此，公開場合會讓他陷入收也不是，不收也不是的尷尬，送一份禮，卻給人家出了一個難題，真是得不償失。

送禮總得有個理由才好送

送禮總得有個理由才好送，比如對方不舒服、生日或逢年過節等特別時日，因這時「師出有名」，名正言順，不用另外尋找藉口，所以是送禮的最好時機。接禮的人除了感謝之外，也不會有太大的顧忌。

但有時候，人們送禮純粹為了辦事，這種時候送禮該怎麼說才好呢？總不能結結巴巴地說：「今天想求你幫忙，所以才給你送些禮物。」這樣一來，對

方自然不會接受你的禮物，更不會替你辦事了。

要送禮求人幫忙，需要找一種讓對方心安理得接受禮物的說法。一般而言，為了請人幫忙而送禮，對方總是要推辭一下或拒絕一下，把對方拒絕接納的話禮貌地擋回去，是讓受禮者心理舒坦自然的主要手段。那麼應該如何去說，才能達到目的呢？

說法一，把送禮的話推到不在身邊的另一半身上。

例如：「老婆非得讓我帶來不可，既然拿來了，還請收下吧，不然老婆包准會抱怨我不會辦事，回到家也交不了差。」

說法二，把送禮的話推到對方的孩子身上。

例如：「東西是買給孩子的，請別客氣。」

說法三，把送禮的話推到對方老人家身上。

例如：「你不用客氣，這些東西是給伯父買的。伯父身體最近還好嗎……你方便時請代我把東西帶給伯父。」

說法四，把送禮的話推到託你幫忙的朋友身上。

例如：「這是朋友託我帶來的，請收下。」

說法五，把送禮的話推到對方可能存在的「失」處。

例如：「您願意幫忙已經夠意思了，怎能讓您破費？這您先拿著，必要時打點打點，不夠用時再說。」

說法六，把送給對方的東西，說成是暫存放在對方手裡。

例如：「我知道，我們之間互相幫忙用不著禮，但這先放你這，以後也許用得上。」

以上這六種說法都頗有人情味，對方聽了都覺得好受，「有道理」把禮物收下，而沒有明顯拒絕的理由。只要對方收了你的禮物，自然就會把你所求的事辦了。

9‧人情做足，才有影響力

人情就像婚宴紅包，回禮時只能多不能少，

所以不能做得不上不下，否則效果一定不彰。

人情是維繫群體的最佳手段和人際交往的主要工具。朋友之間沒有人情往來，友誼就會淡漠，甚至消失。

因此，如何交友就有一個如何做人情的問題。朋友之間人情要做，但事前要權衡利弊，有害自己的盡可能不要做，有弊的少做，剔除這幾點，朋友的人情不但要做，而且一定要做足。

做足，包含兩個含義：一是人情要做完；二是人情要做得充分。

如果朋友求你幫什麼忙，你滿口答應「沒問題」，但隔了幾天，你給他一個摸不著頭緒的結果，對方雖然口頭上沒說什麼，但心裡肯定會說：「這哥們真不夠意思，要做就做完，做一半還不如不做，幫倒忙。」

做人情只做一半，就叫越幫越忙，非但如此，還會影響信任度，說話不算數，還會出力不討好。所以人情做一半，還會出力不討好。

人情做充分，就是不僅要做完，還要做得好、做得漂亮。如果你答應幫朋友忙，就要盡心去做，不能做得勉勉強強。如果做得太勉強，即使事情成了，你勉強的態度也會讓他在感情上受到傷害。

比方說你買了一本好書，朋友來借，你先說：「我剛買的，還沒看完呢，你想看就先拿去吧。」

其實前面的廢話又何必說呢？最後的結果是借給人家了，你不說也是借，說了還是借，與其說些廢話還不如痛痛快快地借給他，書總是你的嘛，還回來你盡可以看一輩子，何必把人情做得不圓滿呢！

人情要做足才有「影響力」。人情做足了自然會贏得朋友的萬分感動，讓對方記掛你一輩子。

東漢時，有一個叫荀巨伯的人，一日收到一緊急消息，得知一位朋友得了重病。朋友遠在千里之外，他趕了幾天的路程，到了朋友所住的城，發現那裡已被

胡人包圍。他潛入城內，見到朋友，朋友讓他離開，他不答應，一定要留在那兒陪他。後來，胡人攻了進來，挨家挨戶地查，見到荀巨伯和他重病的友人，當胡人得知原委後竟覺得羞愧，認為自己不懂道義，侵犯一個崇尚道義的國家，就退走了。

荀巨伯對他的朋友可謂情深義重，這樣的人情會叫對方記掛一輩子。

唐朝皇帝李隆基親自為他手下的一個將領煎藥，在吹炭生火時，燒著了鬍鬚，當侍從們趕來時，他莞爾一笑，說：「但願他喝了這藥病就好了，鬍鬚有什麼可惜呢？」

一個皇帝為他的手下親自煎藥，這真是天大的人情，把人情做得如此之足，怎不叫屬下以死相報呢？人情的殺傷力可謂大矣！

把人情做足，好人做到底，你就要想朋友之所想，急朋友之所急，在他最困難、最需要幫助的時候，給他一個人情，這樣影響力更大。

三國爭霸之前，周瑜在軍閥袁術手下為官，做一個小縣的縣令。

這時候地方上發生了饑荒，百姓沒有糧食吃，不少人被活活餓死，軍隊也餓

得失去了戰鬥力。周瑜作為父母官，看到這悲慘情形，急得心慌意亂，不知如何是好。

周瑜聽說附近有個樂善好施的財主魯肅，就登門去借。兩人寒暄一陣，周瑜就直接說：「不瞞老兄，小弟此次造訪，是想借點糧食。」

魯肅聽後哈哈大笑，「此乃區區小事，我答應就是。」

魯肅親自帶周瑜去查看糧倉，這時魯家存有兩倉糧食，魯肅痛快地表示，

「也別提什麼借不借的，我把其中一倉送予你好了。」

周瑜及手下一聽他如此大方都愣住了，要知道，在饑饉之年，糧食就是生命啊！魯肅可謂送了周瑜一個大人情。

魯肅做足了人情，和周瑜交上了好朋友。後來周瑜發達了，當上了將軍，他牢記魯肅的恩德，將他推薦給孫權，魯肅終於得到大展鴻圖的機會。

做足人情還有一個意思，就是你欠了朋友的人情，還的時候要還足，甚至還更多。你的人情大於他的，他就得記著新的人情，朋友之間的帳，永遠也算不清，從某種意義上來講，這種算不清的帳，無疑成了朋友之間聯繫的一種樞紐。

朋友之間的情誼，是用人情在維繫的，所以在做人情方面，一定要看得開，決定去做的人情，一定要做足，做足人情並非「多作多情」、「一個打，一個願挨」，而是「放長線釣大魚。」人情做足了，才具有殺傷力，萬一有事託人，對方才能把事辦好。

有一種勝出的關鍵叫

人脈

第三章
活用人際關係的
金鑰匙

如果你會交友，朋友必能為你所用。遇事需要幫忙，一通電話、一句相挺，心甘情願，即使在難的事也可迎刃而解。

1・給朋友面子，朋友才幫你

世人都愛面子，給人留面子，

就像給人順水人情一樣，是一種經濟的友誼投資。

誰都知道，人沒有面子就不體面，不體面就吃不開，有時還會掉腦袋。西楚霸王項羽兵敗烏江時，就悲歎「縱江東父老憐而王我，我何面目見之！」所謂「何面目見之」，也就是「沒臉見人」，更文雅的說法是「無顏見江東父老」。項羽為了他的顏面，為了自己的面子，自殺了。

「死要面子」，就是說寧願死也要面子。項羽為面子而死，孔子的高足子路為了不丟面子，不惜結纓而去，甚至有的人即便死了也要爭面子。

如此，我們看到面子的重要。我們每個人都需要面子，而且都希望自己有面子，有面子就能被別人看得起，表明他在人群中的優越感。懂得這個道理，交友就方便許多。只要你給朋友面子，朋友自然樂意回報你的面子，為你辦事情。

不給人面子就不好辦事情

不給人面子，帶來的後果有時是很嚴重的。

三國名將關羽，過五關，斬六將，溫酒斬華雄，匹馬斬顏良，偏師擒於禁，擂喜三通斬蔡陽。「百萬軍中取上將之首，如探囊取物。」可謂英雄。

然而，這位叱吒風雲、威震三軍的一世之雄，下場卻很悲慘，居然被呂蒙一個奇襲，兵敗地失，被人割了腦袋。

關羽兵敗被斬的最根本原因是蜀吳聯盟破裂，吳主孫權興兵奇襲荊州。吳蜀聯盟的破裂，原因很複雜，但與關羽其人驕橫，處處不給人面子有著密切的關係。

諸葛亮離開荊州之前，曾反覆叮囑關羽，要東聯孫吳，北拒曹操。但他對這一戰略方針的重要性認識不足。他瞧不起東吳，也瞧不起孫權，致使吳蜀關係緊張起來。

關羽駐守荊州期間，孫權派諸葛瑾到他那裡，替孫權的兒子向關羽的女兒求

婚，以求「結兩家之好」、「並力破曹」這本來是件好事，但關羽沒有利用這一良機，進一步去鞏固蜀吳的聯盟，竟然狂傲地說：「吾虎女怎肯嫁犬子乎？」不嫁就不嫁，又何必如此出口傷人？後來這話傳到孫權那裡，讓孫權很沒有面子，致使雙方關係破裂，關羽被自己的盟友所殺。

俗語說：「蟻蟲遭扇打，只為嘴傷人」。以尖酸刻薄之言諷刺別人，只圖自己嘴巴一時痛快，殊不知會引來意想不到的災禍。人與人之間原本沒有那麼多的矛盾糾葛，往往只是因為有人逞一時之快，說話不加考慮，隻言片語傷害了別人的自尊，傷害了別人的面子，讓人下不了台，心中怎能不燃起一股怒火？有了機會自然就會報復，這也是情理之中的事。

西元前六〇五年，楚人獻給鄭靈公一隻特大的鱉，靈公用牠來大宴群臣，卻唯獨不讓公子宋吃。這是因為公子宋說：「我的食指一動，就能嘗到非同一般的美味。」於是靈公聽了，就故意不讓公子宋吃鱉，要讓公子宋的話不能實現，顯然是不給公子宋面子。

公子宋為挽回面子，就直接走向烹鱉的鼎前，染指於鼎，嘗之而出。公子宋

挽回了自己的面子，卻掃了靈公的面子。雙方只好翻臉，只不過公子宋搶先一步，弒殺了靈公，讓他永遠沒面子。

交朋友，要懂得面子之道，首先就是要懂得如何照顧朋友的面子。倘若你自恃自己面子大，不把別人放在眼裡，碰上死要面子的朋友，就可能不吃你那一套，甚至可能撕下臉皮和你對著幹，這樣常會把友情搞糟。

西晉時，鍾會去拜訪嵇康，遭到冷遇，嵇康當時正在打鐵，沒空理他，「揚縋不輟，旁若無人」，鍾會被冷落沒面子，於是就去向司馬昭進讒言，讓嵇康上了法場，人頭落地，藉此報復嵇康。

這叫以牙還牙，以眼還眼，是人際關係常見的一條準則，無論恩仇，都要回報，因為老子早就說「來而不往，非禮也。」所以不但要回報，而且回報的級別往往大於給予者。人敬我一尺，我敬人一丈。同樣，你傷了我的面子，我一定要剝了你的皮。

由此可見，不給朋友面子，自己不僅得不到好處，還有可能受到對方的傷害，反而對自己不利。不如給朋友留足面子，以便以後好說話、好辦事。

越是公共場合，越要給別人留面子

面子是給人看的，越是公共場合，越要多為對方著想，給對方留足面子。

為什麼在社交場合要特別為對方留面子，注意給對方下「臺階」呢？這是因為在交際場合中，每個人都展現在眾人面前，因此都格外注意自己社交形象的塑造，都會比平時表現出更為強烈的自尊心和虛榮心。在這種心態支配下，他會因為你沒有給他留面子，而產生比平時更為強烈的反感。

在社交活動中，適時地為陷入尷尬境地的人提供一個恰當的「臺階」，使他免於丟面子，這是為人處世的原則。這不僅能使你獲取對方的好感，也有助於為你樹立良好的社交形象。否則，對方下不了臺階出了醜，可能會記恨你一輩子。

相反，若注意給人臺階下，可能會讓人感激一生。

有時，人難免因一時糊塗做一些不適當、錯誤的事。遇到這種情況，一定要盡量避免觸及對方所避諱的敏感區，避免使對方當眾出醜。必要時可委婉地暗示對方知道他的錯處或隱私，便可造成一種對他的壓力。但不可過分，只須「點到

為止」，絕不能傷了對方的面子。

在中國廣州一家著名的大酒店裡，一位外賓吃完最後一道茶點，順手把精美的景泰藍筷子悄悄「插入」自己西裝內的口袋裡。

服務小姐不露聲色地迎上前去，雙手擎著一個裝有一雙景泰藍筷子的綢面小匣子說：「我發現先生在用餐時，對我國景泰藍筷子頗有愛不釋手之意，非常感謝您對這種精細工藝品的賞識。為了表示我們的感激之情，經餐廳主管批准，我代表本店將這雙圖案最為精美，並且經嚴格消毒處理的景泰藍筷子送給您，並按照本店的『優惠價格』記在您的帳單上，您看如何？」

那位外賓當然明白這些話的弦外之音，在表示了謝意之後，說自己多喝了兩杯白蘭地，頭有點發暈，誤將食筷插入口袋裡。並且聰明地借此「臺階」說：「既然這種筷子不消毒就不好用，我就『以舊換新』吧！哈哈哈哈。」說著取出口袋裡的筷子恭敬地放回桌上，接過服務小姐給他的小匣，不失風度地向付帳處走去。

這個例子中的服務小姐巧妙地指出了對方的錯誤，又為對方留足了面子，這

是最好不過的了。

用面子換面子

你可以贏得一場戰爭，但未必能贏得真正的和平。你傷害過誰也許早已忘記，可是被你傷害的那個人卻永遠不會把你忘記。其實，不傷朋友的面子，不只是給朋友面子，也是給自己面子，面子換面子，善用面子好辦事。

美國鋼鐵大王安德魯・卡內基（Andrew Carnegie）的助手查爾斯・史考伯（Charles M. Schwab）是是美國商界年薪最先超過一百萬美元的其中一位。為什麼卡內基付給史考伯年薪一百萬美元，即每天三千多美元呢？正如卡內基親自為他寫的墓誌銘上說的那樣，他是「一位知道如何將那些比自己聰明的人團結在身邊的人。」也就是說，史考伯是一位善於給別人面子，以面子換來面子，換來那些為他打天下的人。

史考伯有一天中午從自己的一個鋼鐵廠走過，看到幾個員工正在工廠裡抽

菸，正好那塊「嚴禁吸菸」的大招牌就在他們的頭頂上。史考伯沒有指著那塊牌子對他們說：「難道你們都是文盲嗎？」

他只是朝那些人走過去，友好地給每個人遞上一支雪茄，說：「如果你們能到外面去抽掉這些雪茄，我將十分感謝。」

那些抽煙的人立刻意識到自己錯了，對史考伯自然就產生了好感，因為他沒有粗暴地斥責他們。在糾正錯誤的同時，並沒有傷害他們的自尊。這樣的上司，誰還願意和他作對，不努力去工作呢？

因為他們的上司在提醒錯誤的同時，也讓他們保住了面子，他們當然會給上司面子，把自己的工作做得更好。

人世間講究以恩報恩、以怨報怨。那麼與其傷朋友的面子，不如給他一個面子，讓他欠你的情，他日回報的面子一定大於你給他的，滴水之恩，湧泉相報，甚至今生不能報的話，來生做牛做馬也要報。

諸葛亮之所以一生追隨劉備，就是因為劉備給了他太大的面子。大家都知道劉備三顧茅廬的故事：劉備第一次屈身去請諸葛亮時，適逢他外出；第二次去

人脈

請,諸葛亮正在睡覺,一直到第三次,諸葛亮才與他交談。如此大的面子,諸葛亮怎能不以面子相報。這位歷史上最出名的謀士,被請出山時還是滿頭青絲,等他去世的時候,已是蕭蕭一老翁了。諸葛亮不僅全心回報了劉備,也回報了其兒子劉禪的面子,最後死在戰場上。

朋友相交,也要會用面子。你給朋友面子,朋友自然也會回報你面子,如果你有什麼事需要朋友幫個忙,只要朋友還你一個面子,你的事就成了差不多了。

2・請人幫忙，學會客套

客套是一種親切的表現，
懂得客套，就能縮短彼此之間的心理距離。

你可曾有過這樣的經驗，當你偶然走入一個地方時，那裡有你熟悉和不熟悉的朋友，他們看見你來了，立即起身迎向你，對你表示歡迎，然後請你坐下，給你泡上一杯茶，再接下來，雙方寒暄幾句，客套一番。這樣一來，對方的感覺會很好，自己的感受也會很好，雙方可以由此變得更加融洽，增進好感，從而使友誼更進一步，不知不覺中，為你求人辦事打開了方便之門。

也許很多人會對此不以為然，「既然是朋友，還在意什麼客套？」這種想法千萬要不得。客套是人與人之間最起碼的一種禮貌，是求人做事的前奏曲。如果你去找人辦事，別的不講，就直接說出你要辦的事，對方肯定會覺得有點突兀，感情上也接受不了，辦起事來就會大打折扣。

著名幽默大師林語堂，總結中國人求人做事像寫八股文一樣，寒暄和客套是少不了的。如果「此來為某事」那樣直截了當地開題就顯得不風雅，如果是不熟的人就更顯冒昧。

林語堂說求人做事，有著八股般起承轉合的優美，不僅有風格，而且有結構，其結構大致可分為四段。第一段就是寒暄和客套，最後一段就是提出所求之事。可見客套在求人做事過程中是不可缺少的環節，發揮著前敘鋪墊的作用。

得體的客套是美好的儀容

有人說：「客套多，朋友多；朋友多，好事多。」這話是很有道理的。因為客套和寒暄可以幫助你認識許多朋友，縮短人與人之間的距離，從而促成兩人的交往。

在生活中，我們經常聽到諸如「謝謝您」、「多謝關照」、「勞駕」、「拜託」之類的客套話。這樣的客套話可以向別人表示感謝，能溝通人與人的心靈，建立

融洽的人際關係。

在求人做事以後，應真誠地說一聲「謝謝」。如果你不說一聲「謝謝」，只把感激之情埋在心底，對方會有一種不快的感覺，認為他的付出沒有得到肯定，或認為你不懂禮貌，今後也不會再幫助你。同樣，在打擾別人、給別人添麻煩時，能真誠地說一聲「對不起」，對方生的氣就會削弱一半。在人際交往、求人辦事中，客套的作用不容低估。

很多時候，客套能表示尊重對方，表示禮節和謙虛，比如有人作報告或講話，總要借助這樣的客套話：「我資質不高，研究不夠，恐怕講不好。」或者是「我講得不好，請大家批評指正。」諸如此類的客套話，表面上像隨口而出，是習慣用語，實際上發揮著表達講話者謙願望的作用。

客套話是潤滑社交車輪的油，能減少「摩擦」、「噪音」。請人辦事，說一聲「勞駕」；送客臨別，講一句「慢走」，能顯示出你禮貌周到、談吐文雅。擅長外交的人們，像精通交通規則一樣熟諳客套，正如培根所說：「得體的客套同美好的儀容一樣，是永遠的薦書。」

講客套才能辦好事

客套要自然、真誠，言必由衷，富有藝術性。上海某大飯店的一位大廳服務員就是這麼做的：當著名美籍華裔舞蹈家孟先生第一次到該飯店時，這位服務員向他微笑致意，「您好！歡迎您光臨本飯店。」第二次來店，這位服務員認出他來，邊行禮邊說：「孟先生，歡迎您再次到來，我們經理有安排，請上樓。」隨即陪同孟先生上了樓。時隔數日，當孟先生第三次踏入飯店時，那位服務員脫口而出，「歡迎您又一次光臨。」孟先生十分高興地稱讚這位服務員，「不呆板，不制式。」

這位服務員當受如此表揚，並非學鸚鵡，見客只會一聲「歡迎光臨」，而能根據交際情境的變化，運用不同的客套，表現出他對工作的熱愛和說話的藝術。

有些人容易把應酬、客套、寒暄甚至是聊天這些基礎的交往行為，看作是虛偽、庸俗和毫無意義的東西，在思想上加以排斥，在行動上加以抵制。這樣的人違

背了人類的某些本性，在交際上屢屢受挫，連連吃虧，是天生不會求人辦事的人。

客套當然不一定都在語言上，一個眼神、一個手勢，或者點一下頭，微笑一下，或給對方送些小禮物，凡此種種都屬於客套的範疇。可以說，客套是一個比較寬泛的概念，客套是一種禮節，如果客套運用得好，能收到意想不到的效果。

日本松下電器公司的松下幸之助是個很講客套、很會運用客套的人。他在交託下屬去執行某一件事時會說：「這件事拜託你了。」遇到員工時，他會鞠躬並說：「謝謝你」、「辛苦了」之類的客套話，有時會親自給員工斟一杯茶，或者送給員工一件小禮物。松下就是善用這種客套來激勵員工，為他毫無怨言地效力做事的。

人是有感情的社會性動物，人際關係網從某種意義上來說，正是出於人類感情交流的需要。客套是溫暖的，能加深對方的瞭解、親切關係，讓彼此之間的關係因為客套而發生變化，縮短雙方的心理距離，感情就有了呼應和共鳴，這樣對方在興奮歡悅之餘會給予更多的關照、更好的回報。

交際心理學認為，人際之間存在「互酬互動效應」，即你如何對待別人，別

人脈

人也以同樣的方式給予回報。客套一下，看似平常，可它卻能引起人際間的良性互動，成為交際辦事成功的促進劑。

3·要想辦好事，必須事換事

求人幫忙等於借力使力，如果總是有借無還，再借就很難了！

所以，要怎麼收穫，先怎麼栽，懂得付出才有收穫。

著名的社會學家霍曼斯（George Casper Homans）提出，人際交往在本質上是一個社會交換的過程，也就是事換事的過程。長期以來，人們最忌諱將人際交往和交換聯繫起來，認為一談交換就很庸俗，或者褻瀆了人與人之間真摯的感情，但這種想法顯然不適應於求人辦事的規律。

因為我們在求人辦事的交往中，總是在交換某些東西，或者是物質，或者是感情，或者是其他。

假如你去求人幫忙，就得先評估自己能不能幫對方辦事，有沒有什麼本事作為交換條件，要是貿然開口去求人，結果當然是門都沒有！只有自討沒趣而已。

所謂交換條件，可以是物質，也可以不是，你的某種能力對方認為很需要，

那你的這項能力就是交換條件；某人如果是個有地位的人，對方認為需要他，那麼他的財力或勢力或地位，就是交換條件；你的活動力特別旺盛，對方認為你的前途大有希望，這也是你的交換條件。

求人幫忙，讓對方知道你有能力為他做些什麼，他能從你這裡得到好處，或者知道你有利用價值，或者你已替對方辦了什麼事，只要你開口，你所求之事就會大功告成。

你不幫忙，就別奢望他人替你辦事

有一個人被帶去參觀天堂和地獄，他先去看了魔鬼掌管的地獄。乍一眼看去，他十分吃驚，因為所有的人都坐在酒桌旁，桌上擺滿了各種佳餚，包括肉、水果、蔬菜。然而，當他仔細看那些人時，他發現裡面沒有一張笑臉，也沒有伴隨盛宴的音樂或狂歡的跡象。坐在桌子旁邊的人看起來沉悶無比、無精打采，而且骨瘦如柴。他們每人的左臂上都捆著一把叉，右臂上捆著一把刀，刀和叉都有

主動滿足他人的願望

四尺長的把手，不能用來吃飯。所以即使每一樣食物都在他們手邊，他們也吃不到，一直挨著餓。

他又去天堂，同樣有人、有食物、有餐具，可是這裡的居民歡歌笑語，生活十分快樂，因為他們互相餵食。

這個小故事給我們的啟示是：你替人幫忙，人家才會幫你辦事，你給人幫助，人們才會給你幫助。

現代社會主要建立在交換關係之上，有來才有往，你幫人家辦事，他欠你一個情，日後你有事求他，他才會反過來幫你辦事。天下沒有白吃的午餐，如果你不給別人辦事，那就不要指望別人為你辦事。

俗話說：「投之以桃，報之以李。」這句話體現了交換的原則，你幫我，我幫你。在現代社會裡，人們都希望得到立竿見影的效果，否則就不願付出，這在

人脈

有一種勝出的關鍵叫

人與人之間的交往中表現得非常突出。

在生活中不乏這樣的現象：在求對方幫忙時，對方並不情願為你白忙，他希望你也能幫他做些事情，有的甚至在他為你辦事之前，你得先為他辦事。如果瞭解對方的這種心理，主動滿足他的欲望，他就會很痛快地幫助你。

辦事，講究事換事，某些事該不該為你辦，首先要看你能不能幫他辦事，或者有幫他辦事的潛力，到時能為他所用。

求人與被人求是一筆人情債，儘管人情債無法精明地計算，但也要心中有數。有時對方沒有什麼需要幫忙的事情，此時你就要讓對方在精神上得到滿足，表現出對對方的崇拜和尊敬，不斷地誇獎對方的能力。

如果你與對方關係很密切，求他幫忙時，他不會提出條件來，那你也要多為對方考慮，盡量多為對方解決一些困難。不論關係多密切，你總是求人家幫忙而沒有回報，時間久了也就不行了。

如果你求別人幫助的是一件名利雙收的事，那對方也希望從中得到一些名或利。如果對方什麼也得不到，而你卻名利雙收，對方就會在心理上失衡。要想辦

辦事高手。

成事，必須事換事，能領悟和運用這一點的人，就會成為無往不勝、所向披靡的

4・利益相同，幫手自來

當利益一致時，就不需透過交換來取得幫助，

因為需求相同，為別人也是為自己，為自己也是為別人，

所以不需要交換利益，而是一同追求利益。

交友辦事，如果讓對方覺得與你有相同的利益，對方幫忙就會更主動，就會收到更好的效果。這就好比戰場上同一個戰壕的同袍一樣，同袍之間共生死同存亡，有著相同的利益，每一個人都要勇敢地去戰鬥，才能取得共同的勝利。

其實，求人幫忙也跟打仗一樣，要為了共同的目標和利益去奮鬥。

有一部電視劇，劇中有個老謀深算的強盜計劃搶銀行，於是他找了兩名以前的手下，共商搶銀行的大事。後來，因為只有三個人，人數太少很難成功，他便要他的手下另外再找七個人，以組成十個人的強盜集團。

他的手下順利地找到了他們所需的人手，但老強盜卻發現，他與這七個新夥

伴根本就不認識，他們是否值得信任實在是一個大問題。

於是他想到了每晚分別與一個新夥伴共進晚餐的好辦法，席間除了加深彼此的感情、交代各人所負的任務之外，還鄭重地向他們表示，他們之間有著共同的利益：「我也跟你們一樣需要錢！」

由於彼此有了相同的目標和利害關係，這個計畫最後終於成功了。

當然，以上不是一個好例子。但只是借此說明這樣一個事實：彼此之間的溝通與合作，讓對方感覺到你與他有相同的利益關係，往往可以迅速地拉近彼此間的距離，使對方努力去做。這一技巧如果應用得好，能獲得意想不到的好效果。

找到你們之間的共同點

若能形成雙方的共同點，讓對方感覺到你與他的利益是一致的，對方就會主動去辦事。

有一家工廠的生產效益不是太好，員工們的工資很低，當員工們要求增加工

資時，老闆就對他們說：「各位，你們希望公司倒閉嗎？」當然沒人希望工廠倒閉，如果倒閉了，就會失業，連眼前的低工資也拿不到了。

老闆繼續喋喋不休地說：「如果工廠倒閉了，大家一毛錢也拿不到。我也不希望工廠倒閉，我與你們有著共同的利益，工廠倒閉了對你們、對我都沒有好處。如今我們只有團結一致，共同度過難關，若工廠持續營運順利，大家都有個希望。」

員工們聽了老闆的話，感覺到老闆與自己有著共同的利益關係，覺得工廠營運更順利，老闆發財了，自己的薪水就會提高。結果這些工人齊心協力，各個努力工作，果真把工廠搞得有聲有色，最後老闆和員工們都達到了自己的願望。

讓對方知道你與他的利益一致

有這麼一則寓言：天鵝、烏龜、小蝦同拉一輛車，天鵝拚命地往天上飛，烏龜拚命地往岸上拖，小蝦拚命地往水裡拉，可車子卻一動也不動，因為牠們拉車

的方向沒有取得一致。目標不統一，方向不統一，其結果自然是徒勞無功。

這個寓言告訴我們一個道理，只有利益相同、目標相同才能達成共識，並為之努力。

在交友辦事的過程中，如果讓對方知道你和他有著共同的利益，雙方必須結成同盟才能取得互惠，那事情就好辦多了。

利益的相通性、同一性和互補性是建立在團結一致、同心協力之上的。只有這樣，才能求得成功順利，避免一再損失的結果。

戰國時代後期，經過商鞅變法後的秦國逐漸強大起來，成為七雄中實力最強的國家，齊、楚、燕、韓、趙、魏六國均無力單獨抗擊強秦的侵略。為了與強大的秦國對抗，保持弱小國家的利益，六國聯合，勢在必行。其時，謀士公孫衍首先提出「五國相王」合作抗秦的策略，後來，東周洛陽人蘇秦極力推行，他周遊列國，遊說各國合縱抗秦，終使六國聯合起來延續百年之久，令秦國不敢輕易向六國中的任何一國下手。

西元前三一四年，蘇秦先到燕國向燕文王指出，自己與燕國有著共同的敵

人、共同的利益，在強大的秦國面前，各小國好比風中殘燭，只有大家聯合起來，才能保護各國的利益不受分割。他勸說燕文王應與近在百里的趙國聯合，以防千里之外的強秦。

燕文王接受了蘇秦的建議之後，蘇秦又來到趙國，向趙肅候指出了大家共同的利益。他說：「秦國未進攻趙國，是因為顧及韓、魏兩國襲其後方。如果秦國先打敗韓、魏，再舉兵攻趙，那麼趙國的災難就到了。」蘇秦還向趙王指出，「六國之地五倍於秦，六國之兵十倍於秦，如果為了共同的利益，能夠合六為一，同心同德，必定能打敗秦國。」因此，他希望趙王邀請韓、齊、楚、燕等國國君進行談判，共商六國聯合抗秦大業，這樣，秦國就不敢進攻六國中的任何一國了。

在整個遊說過程中，蘇秦抓住了各國都要維護自己的利益、秦國是他們的共同敵人這一主線，講明六國有著共同的利益關係，合則可以抗強秦，分則有被秦國各個擊破的危險，因此，和衷共濟，聯合抗秦，才是保護自己國家利益不受分割的唯一選擇。

讓對方知道你與他有著共同的利益，對方才會竭盡全力去做。在這個世界上，每個人都努力在維護自身的利益。

5・透露完事後的好處

就像懸吊在馬眼前的紅蘿蔔，

人只要看得到好處，就會跟馬一樣奮力向前。

在求人幫忙時，如果對方認為答應你的要求，是在進行無償的奉獻，他根本無利可圖，得不到任何好處，這時，他自然不願意幫忙，至少積極性不會太高，有時還會給你出亂子，讓你辦事阻力重重。

要想辦事順利，在求朋友幫忙的時候，就要讓朋友知道事情辦成後會得到某種好處，要讓朋友知道你求他幫忙辦事，不是白白讓他幫忙的。

我們時常在電影和電視上看到這樣的鏡頭：一方給另一方暗示或許諾，若把某件事情辦成，就答應給對方多少錢或者某種好處。對方聽了以後，精神為之大振，為了得到某種好處，或者由於某種好處的誘惑，他會盡最大的努力，想盡辦

176

法、排除萬難，最後很快就把事辦成了。

讓朋友知道事情辦成後的好處，這種好處是多方面的，諸如把某事辦好了，其事情本身就會給幫忙者帶來好處；或者把事情處理好後，會贏得升官發財的機會；或者把事情做好後，會得到回報，滿足他某一方面的需要，這種好處可能是物質的，也可能是精神的。

有好處和沒好處，會有不同的結局

有沒有好處，會出現不同的結局。有好處，他會拚命去辦，沒好處，能辦的事也不能辦。

春秋時的范蠡被奉為中國商人的始祖，他曾輔佐越王勾踐打敗吳國，隨後功成身退，移居別地經商，以他的聰明才智，很快便富甲一方。

後來，他的次子因殺人獲罪而被囚在楚國，范蠡計劃用金錢保全兒子的性命，他派長子去辦這事，並寫了封信讓他帶給以前的朋友莊生，並囑託長子

說：「一到楚國，你就把信和錢交給莊生，一切聽從他的安排，不管他如何處

理此事。」

范蠡的長子到達楚國，發現莊生家徒四壁，院內雜草叢生，一點也不像個達

官顯貴的樣子。雖說按父親的囑託把信和錢交給了莊生，但心中並不以為此人可

以救出弟弟。

莊生收下錢和信後告訴長子，「你可以趕快離開了，即使你弟弟出來了，也

不要問其中原委。」

不過長子由於心存疑慮，並未離開，又接著去賄賂其他權貴。

莊生雖貧困，但非常廉直，楚國上下都很敬重他，他的話在楚王那裡也很有

分量。莊生得了范蠡的好處，自然要為范蠡幫忙，救出他的次子。

莊生求見楚王，說近來某星宿來犯，於國不利，只有廣施恩德才能消彌災

禍。

楚王於是決定大赦天下。

范蠡的長子聽說楚王將大赦天下，覺得弟弟一定會被放出來。他覺得這樣，

178

送給莊生那麼多的錢財，不就如同白花一樣嗎？於是又去找莊生把錢要了回來，心中還洋洋得意，以為省了錢又辦了事。

莊生沒了好處，心裡很不舒服，感覺被范蠡的長子耍了。於是又去見楚王說：「聽說范蠡的兒子在我國犯罪被囚，現在人們議論說大赦是因為范蠡拿錢財賄賂大臣的緣故，這對您的名聲不利啊。」幾句話說完，楚王就決定先殺了范蠡的兒子再實行大赦。結果，長子不願給人好處，最後只好捧著弟弟的屍骨回家。

這個故事告訴我們，求人幫忙，肯給人好處和不肯給人好處，結局是完全不同的。范蠡的長子因為不願給人好處，結果事沒辦成，還害死了他的弟弟。這個教訓對我們求人辦事來說，真是太深刻了。

讓對方知道事成有好處

讓對方知道事情做好了，也會從中得到一份利益，那對方才會賣力。

有一種勝出的關鍵叫

人脈

埃克是美國一座大農場的主人，他在自己的農場裡種上了大片的棉花，棉花開花該摘的時候，他雇了許多工人來採摘。

有一天，埃克去農場巡視採摘情況，看到一些工人偷懶，地上也到處扔著雪白的棉花，十分可惜。埃克急了，把工頭們找來，讓他解雇偷懶的工人，並要求不要亂丟棄棉花，工頭們答應了。

過了一天，埃克又去農場巡視，發現情況依然存在，心裡十分著急，一方面是因為嚴重浪費，一方面是因為如果不抓緊時間採摘棉花，等雨季一來，棉花就會被毀掉。他弄不明白，為何自己每次來到這裡，都會看見偷懶的人和浪費的現象，而那些工頭天天在此，卻好像沒有看見一樣呢？即使再三強調，卻依然沒有效果。

於是埃克便去請教一位朋友，朋友告訴埃克：「因為農場裡的棉花是你一個人的棉花啊。」埃克一下子明白了過來，他這才認識到，因為那些工頭得不到什麼好處，所以有偷懶和亂丟棉花的現象，要想工人們把事辦好，在雨季來臨之前

180

採摘完棉花，必須給那些工人們甜頭和好處。於是，他立即召集所有的人開會，他在會上宣布：「在雨季之前把棉花採摘完，大家除了工資以外，還可以得到採摘棉花收益的百分之二十。」

開完會，許諾以後，埃克再去農場巡視時，再也沒有偷懶的工人，地上也沒有胡亂扔棄的雪白棉花了。

現在很多求人幫忙的人都知道這個道理，許多企業和公司就答應職員，如果能夠辦好某件事，比如簽到合約，就按獲利的比例提撥獎金給職員，這樣做，就可以把再難辦的事辦成。再比如，派人出去收難以收回的欠款，如果承諾收回欠款後，按多少比例提撥給收款者，那收款人自然會為了得利去軟硬兼施，施出渾身解數把欠款收回來。

如果辦好事情後，能從中得到收成、得到好處，誰都會努力的。

讓對方看到好處，甘心為你辦事

再倔強的人只要有利可圖，看到好處也會上鉤的。要想達到自己的目的，就必須刺激起對方的欲望，讓對方知道，只要能辦成事，他就能得到回報、得到好處，並不時給些甜頭，讓人相信你所說的並非空話。

如果求人幫忙，對方看不到好處、得不到甜頭，自然不會去做。你說一百句動聽的話，還不如讓對方得到一點實實在在的好處。

有一位寫小說多年的作者，可小說總是難以發表，他認識一位刊物的編輯，花了兩年時間給這位編輯送了十多篇小說稿，可每一次這位編輯看了看就說：「稿子還沒寫到味道。」不是推託小說題材太陳舊，就是推託說稿子已排滿了；不是這有問題，就是那有問題，總而言之，就是無法刊載。

有一個星期天，這個作者又到編輯家送稿，正巧碰上編輯的電腦螢幕壞了，要拿出去請人修理。這個作者也算個文人，平日臉皮薄，羞於給編輯送些禮物或好處什麼的，於是這次他逮著這個機會，對編輯說：「我家裡還多一個螢幕，我

「送給你先用吧。」這位編輯沒有推託。作者趕緊回家去，把自己電腦在用、買了還不到一年的螢幕送給這位編輯。

編輯拿到他送的螢幕，立即熱情起來，認真地把他送來的小說稿看了一篇，馬上肯定這篇稿子寫得不錯，「沒想到你的小說寫得越來越好了。」並決定把小說發在當期的刊物。

這位作者巧妙地給編輯送上好處，輕鬆把自己多年來沒辦成的事處完成了。

好處是求人幫忙的天平，讓朋友知道事情辦成後會得到好處，得到回報，讓對方覺得為你辦事值得，那你所求之事就能輕鬆地辦成了。

6 · 把要求先提高，再降低

利用感受落差的心理，
表面上是妥協退讓，實際上卻是掌控主導權。

求朋友幫忙時，先把要求提高，接著再降低，朋友就容易接受一些。

比如，你打算向朋友借一千元，你就向朋友開口說借一萬元，這時，朋友在心裡會想：「我哪有這麼多錢可以借你啊？如果少借點，還得商量。」朋友可能會對你說：「你知道的，我只有這麼點薪水，實在幫不上你。」你見朋友為難時，如果隨坡向下降，換個方法說：「真不好意思，我不知道你手頭上也不寬鬆，要不這樣，你先借我一千元，先把這事應付過去再說。」朋友聽你這麼一說，就會爽快地借你一千元。

其實，你只想借一千元，如果你一開始就說借一千元，對方可能找個藉口拒絕你。而你把借錢的數目先提高，再降低到朋友可以接受的限度，朋友覺得再不

幫你的話就有些過意不去，自然容易接受。

有一個很優秀的電腦業務員，在推銷電腦系統的產品時，絕不一開始就對價格進行交涉。首先要在原價之上加上維修費、施工費等等，提出一個超過對方預料的價格，對方自然不會同意。於是，他再想盡辦法降低價格。

在第一階段突破以後，又經過幾次的交涉，他會繼續說：「那麼，我就把維修費減半吧！」或者提出「我把原價降低百分之五吧！」之類的妥協話。因為剛剛開出的價格非常昂貴，所以從原價給予優惠，對顧客來說會感到占了很大的便宜。

事實上，即使他做出了這樣的妥協，也能賺到很多錢。然而，即使顧客同意這一價格，也不能立刻答應他。業務員會說：「對於這個價格，我要再和上司商量一下。」然後將這件事擱置兩三天。

在擱置期間，對方會感到不安，當估計對方的不安達到頂峰時，再佯裝勉強的樣子和他簽訂合約。這樣一來，不僅賺了荷包，而且也讓顧客有滿足感。以後還會再次光顧。不只這個例子，有時候在開始時提出苛刻的條件，然後再提出妥

協的方案，即使這個妥協方案仍然是很苛刻的，也會讓對方感覺是個較為寬鬆的條件，這是人們心理上的對比效果所造成的。

有些人在求人幫忙時，他們明確說出自己的要求，甚至要的比實際需要量多出十倍到二十倍。這樣一來，只要能滿足他要求的一半也就夠了。

有一家企業因為員工們偷懶，根本達不了目標。這時，老闆想出了一個高招，他沒把目標降低，反而提高到員工們即使再努力，也很難完成的高目標。這樣一來，員工們儘管盡了最大的努力也無法完成，每個員工都對老闆有怨言，卻都能超額完成最初的設定目標。

一段時間後，老闆把目標降低到員工都可以完成的地步，員工們不但沒有了怨言，反而認為老闆善解人意，處處為自己著想，便宜了自己，很輕鬆地接受了高定額任務。

這個老闆的成功，就是在於他掌握了員工的心理，並加以巧妙地利用。

同理，在商業推銷中，重要的是善於抓住顧客的心理，有些精明的業務員會利用顧客貪圖便宜的心理，先把商品的價格提得很高再逐漸降低，甚至降低到讓

顧客不買就覺得沒得到便宜、吃了虧一樣。

披肩在墨西哥很盛行，它不僅可以修飾身材，還可以阻擋風沙襲擊。尤其是一些中年男女，如果披上一塊鮮豔的披肩，就仿佛回到了青年時代。

羅西是一個披肩推銷員，他像往常一樣，邊走邊叫賣，「賣披肩！賣披肩！一千兩百披索（墨西哥貨幣單位）一條！」他一邊喊一邊在人群中尋找目標。

有一位夫人看見了披肩，悄聲對丈夫說：「這披肩真美！可惜貴了一點兒。」丈夫說：「這些披肩在墨西哥到處都有，何必在這裡買呢？」妻子看丈夫不願意買，只好依依不捨地走了。

羅西汗流浹背地追上那對夫婦時，丈夫對羅西說：「朋友，我實在感謝你的好意，只是我們不想買。請你找別人好嗎？」

羅西答道：「我看見夫人很喜歡披肩，我是想便宜一點，八百披索賣給你們。」

這對夫婦還是不買，羅西說：「六百披索，你們要嗎？」可是，他們像沒聽到羅西的喊聲一樣繼續往前走，甚至加快了腳步，想擺脫羅西的糾纏。

人脈

在一個拐彎處，羅西又一次站到他們面前，喘息著對他們說：「五百披索，五百披索好了……好啦，便宜你們，四百披索。」

丈夫遲疑了一下，「我告訴你，我們不買你的東西。」但羅西仍沒有放棄這次機會，他紅著臉說：「好吧，算你贏了，只賣你兩百披索。」

「你說什麼？」夫妻倆拉高了聲音，他們對自己的反應也吃了一驚。

「兩百披索。」羅西重複道。

「讓我看看你的披肩。」通過討價還價之後，這對夫婦以一百七十披索買下了一條披肩。

當夫婦兩人告別旅遊勝地回到家中，在一個集市上又碰上了賣披肩的。一問價錢，才一百五十披索。

羅西是一個善於觀察的人，能從中分析一個人的心理變化。他抓住了顧客很愛披肩的心理，用價格來調和顧客的消費心理，使顧客欲罷不能，終於買下了他的披肩。

羅西從一千兩百披索的賣價開始，最後只賣了一百七十披索，這種先提高價

格，再逐漸降低價格的推銷方法，緊緊抓住了顧客的消費心理，使顧客終於買下他賣得並不便宜的披肩，從而達到了目的。

求人幫忙也是同樣的道理，先把要求提高，再降低，朋友自然容易接受。

7‧將他人不能辦到的事辦到

巧妙滿足他人心理，

讓他人代替自己完成辦不到的事。

生活中，我們經常會遇到一些棘手的事情，需要朋友相助，但是朋友也可能因為難辦而委婉地拒絕我們，怎樣才能讓朋友拿出全部力量幫助我們呢？關鍵在於「說服」。

有很多的辦事高手是屬於那種「自信型」的人，聽這種人講話，會使你感覺到人世間根本不存在什麼不能解決或難以決定的事情，簡直令人不可思議。

為什麼這些人會讓別人感到他們充滿自信，而且讓人相信他們所說的是真實的呢？其原因之一就是他們的言語當中，經常使用「絕對」、「一定」、「百分之百」等全面肯定的斷定語。聽了他的話，你自己也會跟著自信起來，認為自己什麼事都可以辦到。

190

有一個企業家因為急需，要向銀行貸款一百萬元，他找到一在家銀行當信貸部主任的朋友。企業家對這位朋友說：「我現在急需一百萬，今天就要，你絕對能夠幫我辦到的。」

朋友說：「這怎麼可能呢？你知道，我的批示權限不能超過十萬元，你要這麼大的數目，時間這麼急，找經理都無法解決呀！」

企業家說：「不用找經理了，找你就行，你一定能幫我在今天拿到這一百萬，你是信貸部主任，只有你才有這麼大的本事。」

朋友說：「就算我行，按照正常的手續也要幾天啊！」

企業家說：「我相信你的能力，如果你辦不到這事，還有誰能辦到呢？」

企業家這一席肯定的話對他的朋友很有激勵作用，他的朋友信心百倍地去找直屬主管審批，加上這個行長對這個企業家很信任，很快便辦好了手續，還不到下午下班時間，這一百萬就到了企業家的手裡。

真是不可思議，本來企業家朋友根本辦不到的事，卻順順利利辦成了。這是為什麼呢？原因就在於企業家以肯定的語氣，激發了朋友的自尊和自信心，使他

人脈

有一種勝出的關鍵叫

竭盡全力，發揮出最大的潛力，結果把不能辦成的事辦成了。

民意代表在競選高潮的演講現場會反覆說「我說過的事情肯定會做到」，或

者說「你們絕對可以信賴我」、「我對天發誓，絕不說謊」等等。

通常，當我們聽到這些演講時，雖然會認為事情並沒有那麼簡單，但我們

的思想會不由自主地向「也許有可能吧」這方面倒。例如，傳達情報時，用全

面肯定或者全面否定的斷定方式，比起用曖昧的表達方式，顯得更具有真實性

和說服力。

例如，某地發生了地震，在調查地震的謠言傳播度時就發現，那些使用

「全面損壞」、「全面毀壞」、「相當嚴重」等肯定語氣的謠言傳播力很強。「部分

毀壞」與「全部毀壞」，「似乎遭到毀壞」與「徹底被毀壞」所給予聽者的震撼

力是大不相同的。會求人幫忙的人，往往是巧妙地利用對方在心理方面的這種

特點。

求人辦事，要充分利用心理戰術，多用肯定和鼓勵的話，就能激發對方的

自信心。而對同樣一件事，用肯定的語氣或曖昧的口氣說出來，結果就會完全

不同。

有兩個體力相當的人要爬一座山，你先對一個人說：「這座山不高，你絕對能夠爬到山頂！」那麼，這個人就有信心爬，就有可能憑努力爬上山頂。你若對另一個人說：「這座山這麼高，你恐怕爬不上去。」那這個人信心會大跌，就可能真的爬不上去了。

「絕對」、「一定」、「必須」等肯定語句有很強的心理暗示效果，這樣的話能激發信心，能說服別人辦到不能辦到的事情。

松下電器公司開始創建時，松下幸之助設定的奮鬥目標，誰都無法相信，但他本人卻充滿了信心，對任何人都表示「松下公司一定會如期成長」的態度，鼓舞了士氣，結果業績竟然真的達到了他預期的要求。

利用心理戰術，提高對方的信心和勇氣，就能讓人認為不能辦到的事也能夠辦到。

以對方擅長的方式交流

與人交往的過程中，和善地表示和對方站在同一陣線上，虛心接受對方的意見，必定能使對方不再堅持己見而改變態度，使對方滋長出認同的心，辦難辦的事。

有兩個推銷保險的推銷員，推銷員A是一位能言善辯、精神飽滿、行動敏捷、看來很有辦法的人；推銷員B則是老成持重、慢條斯理、沉默寡言的人，但是他經常能夠出奇制勝，令A驚訝不已。

有一次，B竟然一句話不說，就辦到了別人辦不到的事，他成功說服了一位私人企業老闆，一口氣買了六份五年度的保險，這使每個人都對他刮目相看、稱讚不已。B究竟使用何種手段，完成了別人難以企及的事呢？

原來這位老闆是一位既聾又啞，殊而不廢的人。以往前去拜訪的推銷員，發現他是個口、耳失靈的身障人士就掉頭而去。唯獨B能夠耐心地與他進行筆談，雖耗費了不少時間，收穫卻極為豐碩。

以心理學的觀點來解釋，就會發現這位企業老闆的一些特徵。因為他以為

遭人忽視，故一般說來，猜疑心和成見比較深，或心裡有戒備，認為「健康人

皆以自我為中心，不知體諒別人，和他們應對時，必須特別謹慎，尤其是那些

推銷員……。」所以時常流露出抗拒他人的神色。

多數推銷員不瞭解他的想法，也不知道應該採取何種方式來除去他的心理藩

籬；同時，自身也隱隱約約抱有「和聾啞人交談徒勞無功」的偏見，因此總是不

戰而退。

B發現對方有生理缺陷之後，毅然放棄慣用的推銷術語，改藉筆和對方交換

意見，並且按捺脾氣逐步消除對方的成見和猜忌。

一般人總喜歡用自己擅長的手法，或自己信服的理論來遊說他人，倘偌遇到

同樣固執而且成見頗深的對象，肯定難以奏效。為了淡化對方的抗拒心理，絕不

可盲目地採用此種方法說服，應該仿照推銷員B的方式，先友善地和對方套交

情，根據對方的生活環境，以對方擅長的表達方式，創造一種融洽的氣氛，鼓動

對方傾吐內心的想法，然後才尋找適當的對策，將對方誘導至與自己相同的立

場，唯有如此，才能說服別人，辦到難辦之事。

裝出「只有您才能幫助我」的可憐相

人都願意幫助弱者，因為這樣可以顯示出自己的強大，滿足自己的虛榮心。

善於求人幫忙的人，可以因勢利導，採用「以柔克剛」之計，準確地把握強硬對手的心理願望，從滿足對手願望的角度，大使其柔，盡量把自己弄得可憐兮兮，你所求的事情就有可能成功。

鮑爾溫交通公司總裁福克蘭在年輕的時候，因巧妙地處理了一項公司的業務而青雲直上。他當時是一個機車工廠的普通職員，由於他的建議，公司買下了一塊土地，準備建造一座辦公大樓，可是在這塊土地上的一百戶居民，都得因此而搬遷。

居民中有一位愛爾蘭的老婦人，首先跳出來與工廠作對，在她的帶領下，許多人都拒絕搬走，而且這些人抱成一團，決心與工廠拼到底。

福克蘭對工廠主管說：「如果我們通過法律途徑來解決問題，只會既費時又費錢，我們更不能採取強硬的方法，硬碰硬地去驅逐他們，這樣我們將會增加仇人，即使建成大樓，我們也會不得安寧。這件事還是交給我來處理吧！」

顯然，面對如此局勢，最好採取「以柔克剛」的計策，聰明的福克蘭所選擇的正是這種辦法。

這一天，福克蘭來到老婦人家門前，看見老婦人坐在石階上。他故意在這老婦人面前走來走去，心裡好像在盤算著什麼，一副憂心忡忡的樣子，這一切自然引起了老婦人的注意。良久後，老婦人開口問：「年輕人，有什麼煩惱嗎？說出來，我一定能幫助你。」

福克蘭乘機走上前去，與老婦人寒暄了一陣，然後說：「聽得出來，您有很強的領導能力，應該抓緊時間做一番大事業。聽說這裡要建造新大樓，您是不是準備發揮您的超人才能，做一件連法官、總統都難以達成的事，就是勸您的鄰居們，讓他們找一個快樂的地方永久居住下去。這樣，大家一定會記得您的好！」

第二天開始，這個強硬頑固的愛爾蘭老婦人便成了全城最忙碌的人。她到處

人脈

尋覓房屋，指揮她的鄰人搬走，並把一切辦得穩穩妥妥。

辦公大樓很快就破土動工了，而工廠在住戶搬遷的過程中，不僅速度大大加

快，所付出的代價竟只有原本預算的一半。

福克蘭裝出一副無能的樣子，滿足了老婦人的心理，使她心甘情願地為福克

蘭辦成了一件難以辦到的大事。

在求人幫忙的過程中，能巧妙地打好心理戰術，就能辦成難以辦成之事。

8 · 事不成感謝在

友情無價，懷抱感謝之心才能留住朋友，

過度功利得心態，只會葬送自己的後路。

在求人幫忙時，有許多人存在這樣的心態：對方幫自己辦事，如果辦成了，甚至埋怨理所當然地要感謝對方；如果事情沒有辦成，便認為不必感謝對方了，甚至埋怨對方。

其實，這種心態是不對的。對方即使沒有幫你把事情辦好，可能是由於某些困難，他可能盡了自己最大的努力，沒有辦成，問題不在他身上。

交友辦事，不管對方有沒有把事情辦成，都要感激幫你辦事的人。在現實生活中，求人辦事並不是「一錘子買賣」，這次由於某些原因對方沒能把事情辦成，可能下次有機會可以幫你把其他事情辦好。如果你認為對方反正沒把事辦好，用不著去感謝對方，好像無功不受祿，不值得去感謝，這樣，對方可能認為

人脈

你沒有人情味，以後就不會再幫你的忙了。

在一家公司裡，有一個部門主管，為了給下屬加薪，受下屬所託，代表大家去找老闆，但由於公司獲利不佳，老闆認為還不到加薪的時候，所以予以拒絕，並說明年如果獲利轉好，再考慮這個加薪計畫。

由於加薪這件事沒有辦成，這個主管的下屬們不僅沒有感謝主管，還怨主管沒有為他們的加薪盡到力。這位主管心裡很不好受，認為好心沒好報，說下屬們沒有一點人情味，第二年，有加薪機會時，主管就不願意再為下屬去奔走，結果弄得下屬們失去了加薪的機會。

如果下屬理解上司的難處，在上司沒把事情辦好時，也好好感謝上司，對上司說幾句窩心的話，哪怕只善解人意地說一聲「謝謝」，上司也會為了大家的利益繼續努力奔走的。

現實生活中，很多人功利色彩太濃，似乎沒辦成事，就沒必要感謝對方，也不值得去感謝，這樣做自然很讓朋友寒心，甚至連朋友也做不成了，以後辦事如再需要朋友幫忙的話，誰還願意幫你呢？

有一位在北部工作的記者，春節時準備回家過年，但他臨時有採訪任務，抽不出時間提前去買火車票，便託付一個好朋友替他去買票。

朋友馬上跑到火車站，排了兩個小時，輪到他時，火車票賣完了。朋友無功而返，記者心裡很不高興，不但連一句感謝的話都沒有，還給了朋友一個難看的臉色。

朋友排了兩個小時的隊，雖然沒買到票，但沒有功勞也有苦勞，結果連一句感謝的話都沒聽到，還反被埋怨，很是生氣，一句話也沒說就走了。

記者從此失去了這位朋友，當然，這位朋友也不會再幫記者辦任何他能辦到的事情了。生活中這樣的事例很多，一個會交友辦事的高手，在朋友幫自己辦事沒辦成時，也會適時地感謝對方，既維繫原來的友誼，又為以後的交往打下堅實的基礎。

在任何一門語言裡，很少有詞語一講出，就可以立刻贏得對方的好感，幾乎沒有一個詞能發揮讓他人竭盡全力為你辦事的作用，然而「謝謝」這個詞卻有這樣的魔力。

人脈

說聲「謝謝」是世界上最容易、也是最可靠的辦法，它是贏得友誼、求人辦事的一件法寶。

有一個部落的小學教師，在山裡待了許多年，因山區潮濕，他的腿患上了風濕性關節炎，留在山裡繼續教書很不方便，於是想請調到平地的小學去教書。

這個小學教師把調動的事託付給在縣教育局的一位朋友，這位朋友當時是職教科的科長，沒有什麼大的實權，所以並沒有幫他把事情辦成，但他這個朋友為他的調動費了不少力。

這個小學教師仍然很感謝朋友，想辦法從部落裡帶上土產給朋友，以表謝意，並不時請朋友吃飯，說一些「這件事辛苦你了」、「謝謝你的幫助」之類的話。這位朋友因此很感動，一直沒有放棄幫他的忙。後來，這個朋友時來運轉，升上教育局的副局長，於是很輕鬆地把這個小學教師調到平地小學。

如果當初這個小學教師是個勢力眼，見朋友沒把事辦成就不感激，那他的調動肯定遙遙無期。

在交友辦事時，不要太苛求，只要對方為你辦事，在沒有辦成的情況下，也

202

要向對方表示感謝，這一點是千萬不可忽略的。

卡特是美國石油大王洛克斐勒（John Davison Rockefeller）的好友，也是幫助他創建標準石油（Standard Oil）公司的夥伴之一。但有一次，洛克斐勒與卡特合資經商，因卡特投資失誤而慘遭失敗，損失巨大，這使卡特很過意不去。

有一天，卡特走在路上，看到洛克斐勒與其他兩位先生走在他後面，他覺得沒臉回頭，於是假裝沒有看見他們，一直低頭往前走。這時，洛克斐勒叫住了他，走上前拍了拍他的肩，微笑著說：「我們剛才正在談有關你的事情。」卡特臉一紅，以為洛克斐勒要批評他，便開口道歉，「太對不起了，那實在是一次極大的損失，我們損失了……。」

想不到洛克斐勒若無其事地回答，「啊……我們能做到那樣已經難能可貴了。這全靠你處理得當，使我們保存了剩餘的百分之六十，這完全出乎我的意料之外，謝謝你！」洛克斐勒沒有埋怨他，反而還找出一堆讚美和感謝的話，這真是出乎卡特的意料。

此後，卡特努力做事，不僅為洛克斐勒換回了損失，還為他賺了不少錢。

人脈

事情沒辦好，也要感謝為你辦事的人，這無疑給辦事的人信心和鼓勵，使得兩人的感情更為融洽，也為對方替你下一次辦事打下伏筆，預留了感情的資本。

第四章
圓融人際關係的
致勝心法

如果你會交友，就不會識人不清。什麼人是點頭之交，哪些朋友需要真心對待，應仔細衡量，切莫過於世故，讓你的人脈存摺失去累積紅利的契機。

1・看清對象

一種米養百種人，這世界有多少人，就有多少種交際情況，所以交朋友沒有絕對的方法，而是要先看清對象，以不變應萬變。

善於交友是一種能力，有些人不會交友，也不會辦事，所以處處感到彆扭，仿佛到處都有路障。有些人則善於交友，所以並不感到做人辦事之難。前後兩種不同的結果，取決於你交友辦事是不是看清了對象。

在日常生活中，交友辦事要看清對象，學會與不同的人交朋友，對不同的人運用不同的交往之道，隨機應變，才能事事順利。

跟上司交朋友，要投其所好

求人幫忙無論繞多大的圈子，最終所求的「正主」可能就是你的老闆或者主管。如果能跟主管交上朋友、拉上關係，所求之事也就成功了一半。

求主管辦事，就要懂得取悅他，投其所好，同時要揣摩透他的心思，摸清他的脾氣，想方設法和主管交上朋友。

在與主管交朋友辦事時，要根據主管的性格特點和其好惡，對自己的為人處世方式做一些必要的修正，以便迅速贏得上司的好感，建立起一定的感情。在此基礎上，主管才會有興趣深入瞭解和考慮你的才幹，並使你「英雄有用武之地」。

天佑為人熱情大方，很善於與各種各樣的人打交道。在調到一個新單位後，他首先想到的是如何贏得主管的好感和賞識。做了一番調查後，他得知主管為人保守，就毅然捨棄了長髮、牛仔褲、靴子等時髦裝扮，而以循規蹈距的形象出現在上司面前。在初步贏得上司的好感後，天佑充分發揮自己的熱情、樂於助人、慷慨大方的優點，主動與主管交往，建立朋友般的友誼。

不過天佑並不是經常圍著上司轉，而是設法去順應上司的性格特點。他的主管有一個最大的愛好——打乒乓球，於是，他就苦練了一段時間的球藝，然後頻在主管常去的一家俱樂部露面，並每次都和主管一起對陣、切磋球藝，在球來球往中，主管與天佑成了一對好朋友。

經過一番交往，上司很自然地瞭解到天佑的優點和才能，在工作中對他予以重用。天佑投其所好與主管交朋友，出色地把自己推薦給主管，從而贏得了事業上的成功。

由此可見，投其所好、曲意逢迎不僅是一種求人辦事的手段，更是一門高超的處世藝術。

與同事交朋友要不失恭敬

我們每一個人都不能迴避這樣一個事實：步入社會後，一生都在與同事打交道。正因為如此，才需要與同事友好相處。

同事之間朝夕相處，可謂低頭不見抬頭見。時間久了，彼此都很瞭解，說話辦事自然全無初識時的拘謹與認真。可是別以為天天見面，相互很熟悉就可以隨隨便便、不拘小節、失去恭敬。同事畢竟是同事，彼此間要相互敬如賓、恭恭敬敬，這是保持良好的同事關係所不可缺少的。

俗話說，你敬我一尺，我敬你一丈。渴望得到別人的尊重，這是人的天性。

因此，我們在日常工作和生活中，應該十分注意檢點自己的言行，切忌有意或無意地傷害同事的自尊心。

某公司人事科副主任沈全祥是一個性格高傲、目中無人的人。在公司裡，他對同事或下屬說話總是一副高高在上，不把人放在眼裡的神氣。

例如，通知人辦事，他的表情向來是冰冷嚴厲，語氣絕對是不恭敬的。

「小周，你馬上去一趟，事情辦不好，就不要回來見我。」「喂，怎麼搞的，這些事情都幹不好，你說你還能做什麼？」完全不考慮別人的感情和自尊。

平日在公司裡進進出出，上樓下樓，他都是高揚著頭，直挺著胸，目光向上，從不主動和同事打招呼，而且無論何時都板著臉，一副不屑與人為伍的神態。

沈全祥的盛氣凌人換來的就是同事們對他的疏遠，沒有一個願與他交朋友，以至於有一次他出車禍，腿部受傷住院，居然沒有一個同事去看他。這對沈全祥來說，不能不說是一種悲哀。

與同事在一起工作，少不了要請求同事幫助。有的人一呼百應，同事很樂意助一臂之力；有的人卻缺乏號召力，同事不太願意幫忙。這都是平時對同事不恭敬，沒有人緣造成的。

與同事相處共事，言語上要恭敬，一是要多用「請求」的表達方式。比如可以這樣說：「請將這件事完成好嗎？」多用「請」字，可以使人覺得親切，覺得受到尊重。

二是要恭恭敬敬，誠心誠意。比如找同事幫忙，要誠心誠意，可以這樣說：「這件事只有你才能做好，無論如何請你幫個忙。」這樣表述一般都能收到好的效果。

同在一個部門工作，低頭不見抬頭見。在實際工作中，要以友善的態度對待同事，時時把同事當朋友，千萬不要有意或無意地傷害別人。同事間的關係應該

是同事加兄弟的關係，彼此恭恭敬敬，就能心心相印。

與下屬交朋友，要以心換心

兵法有云：「攻心為上。」要與下屬交朋友，要做到以心換心。最受下屬歡迎的上司是能理解他們、關心他們、幫助他們的上司，只有這樣的上司才會受下屬的愛戴，也只有這樣的公司才能使員工上下一心，形成一股強大的凝聚力，共同為公司發展作出努力。

一個成功的上司常常非常關心體貼自己的下屬，有時他們做得簡直可以說是無微不至，以至於讓下屬感激涕零、心悅誠服。

吳起是戰國時期著名的軍事家，在他擔任魏軍統帥時，與士兵同甘共苦，以誠心換得士兵的忠心。

有一次，一名士兵身上長了個膿瘡，作為一軍統帥的吳起，竟然親自用嘴為士兵吸吮膿血，全軍上下無不感動，而這名士兵的母親得知這個消息時卻哭了。

有人奇怪地問：「你兒子不過是小小的兵卒，將軍親自為他吸膿瘡，妳為什麼要哭呢？妳兒子能得到將軍的厚愛，這是妳家的福分哪！」

這位母親哭訴道：「這哪裡是在愛我的兒子啊，分明是讓我兒子為他賣命。想當初吳將軍也曾為孩子的父親吸膿血，結果打仗時，他父親格外賣力，衝鋒在前，最後戰死沙場；現在他又這樣對待我兒子，看來這孩子也活不長了！」

人非草木，孰能無情，有了這樣「愛兵如子」的統帥，部下能不盡心竭力效命疆場嗎？

人是感情的動物，上司如果從心底尊重下屬、看重下屬，下屬自然會賣力。

在一家日商企業裡，有一天各部門接到電話，下班之後要在貴賓廳召開員工大會。有些人感到很納悶，為什麼放著會議室不去，而是去貴賓廳開會？甚至有人議論說：「老闆又在搞什麼小把戲？」

當全公司的人陸陸續續走進貴賓廳時，眼前的一切簡直把他們驚呆了。只見每張桌子上擺滿了水果、飲料等各類食品。尤其是一名六十歲的老警衛，看到眼前的一切，以為走錯了地方，正要離開時剛巧碰上了老闆，老闆一看他要走，便

畢恭畢敬地把他請了回來。

老闆走上講台，恭恭敬敬地向大家行禮，說：「今天把大夥召集起來，同大家聊聊天。大家可以暢所欲言，提問題、講困難，提意見或建議，說公司或家裡的事都可以。」

員工看到老闆不時地往大家手裡塞食物、倒飲料，並微笑著同每個人打招呼，此後，全公司便上下一條心，積極地為公司出謀劃策。

人心都是肉長的，將心比心，以心換心，只要你付出真心和真情，就會獲得下屬的擁戴，他們才會心甘情願地為你效力，下屬才會用實際行動來回報你，從而促進你在事業上的發展。

與客戶交往，不要只談交易，要講人情

每個人的生活圈子裡都有一些比較親近、關係比較密切的熟人與朋友。美國的汽車銷售大王喬‧吉拉德（Joseph Samuel Gerard）發現，每個人所擁有的熟人

人脈

與朋友的數字大約都是兩百五十個人，這就是著名的二五○定律。

也就是說，人與人之間的連絡是以一種幾何級數來擴張。無論是善於交際的公關高手，還是內向木訥之人，其周圍都會有一群人，這群人大約是兩百五十個。而對於生意人來說，這兩百五十人正是客戶網路的基礎，是你的財富。

建立良好的客戶網路，與客戶成為知心朋友。與客戶交往過程中要以誠相待，同客戶交朋友，分擔他的憂愁、分享他的喜悅。他可能會向你介紹他的朋友、他的客戶，這樣，你的客戶隊伍會不斷擴大。

同時，當你在和他談你工作上的困難時，他很可能會主動地幫助你，介紹新的客戶給你認識，或者幫你直接把生意做成，使之成為你永久性的客戶。

與客戶交朋友，不要只談買賣，不談交情。對客戶要關心、愛護和體貼，使買賣雙方不單純是一種商業關係，而是富有「人情味」，使客戶產生一種親切感，在滿足物質需求的同時，還得到精神情感上的滿足。

美國有位叫瑪麗‧凱的女士，曾描述她買轎車的經歷和感受。她想買一輛黑白相間的轎車，於是去汽車展示中心挑選。在第一家店裡，由於推銷員沒有把她

當一回事，她覺得受到了忽視，轉身就走了。進了第二家汽車展示中心，推銷員對她十分熱情，向她仔細介紹各種型號汽車的性能與價格，使她感到這位推銷員是真正為她著想。

當她偶然談到那天是她的生日時，這位推銷員馬上請她稍候一會兒，十五分鐘後，一位祕書拿來一束鮮花，這位推銷員把鮮花送給她，並祝她生日快樂。當時她感動萬分，覺得那束鮮花的價值超過百萬美元！於是，她毫不猶豫地購買了那位推銷員向她推薦的一輛黃色轎車，而放棄了購買黑白相間轎車的打算。

一束鮮花成了溝通買賣雙方心靈的橋樑，使店裡充滿了友善和溫馨的氣息，使客戶不由得產生了深深的信任感，此時的買賣當然好做了。

碰到客戶過生日當然很偶然，但這種「人情」意識每時每刻都可以在日常工作中表現出來。我們應該與每一位客戶交朋友，因為每一位客戶都有許多親朋好友，而這些親朋好友又有同樣數目的親友關係。失去一名客戶就會相應失去幾十乃至上百名客戶。得到一名客戶情況就會相反，因為這些人會用自己的親身感受去影響他的親友。如果在交往中與客戶交朋友，就會取得令人滿意的成果。

有一種勝出的關鍵叫

人脈

在這社會上生存發展，每個人都離不開與人打交道，更離不開與主管、同事、下屬和客戶打交道，要想求人辦事，就要看清對象，採用不同的交際策略。

2・先交友，後談判

談判與推銷一樣，

是一種競爭也是一種合作。

從廣義上說，人們幾乎每天都在進行談判。正如談判的理論家赫伯・柯漢（Herb Cohen）所說的：「你的現實世界就是一個巨大的談判桌，不管你願意與否，你都是一個談判者。」

談判是現代社會裡經常發生的一種人際溝通方式，是人生旅途中不可缺少的一環。無論你是否意識到你在談判，你都曾經為了公事或私事與他人進行談判。

創造友好的談判氣氛

談判時，跟對方搞好關係、增進友誼，對談判是最有益的。

很多時候，談判雙方由於各自帶有一定的目的與使命，往往對陌生的對方抱有各種猜測或戒備的心理，更有甚者還抱有敵對情緒。在這種情況下，就要創造良好的談判氣氛，與對方加強感情溝通，消除雙方的隔閡，與對方交朋友。

一坐到談判桌前，你就應努力創造一種熱情友好、輕鬆愉快的洽談氣氛，從而消除對方的猜疑、警惕、緊張心理，這對以後雙方誠懇洽談、互諒互讓、友好達成協議有重大作用。

要為融洽的談判氣氛打下基礎，在正式談判前的寒暄是十分重要的，它是啟動談判機器的奇妙「潤滑劑」，是減少雙方心理障礙的有效「催化劑」。

談判前的高水準寒暄不僅是溝通語言交流的渠道，還能為以後談判的順利進展創造良好的氣氛和條件。

寒暄時要主動熱情、大方得體，力求先入為主地向對方傳遞有聲和無聲的資訊，藉此表現出自己對對方的熱情、友好、關心與信任，也表現出對談判的真誠期望與信心十足，這可以給對方留下一個鮮明、深刻的第一印象，它甚至可以迅速地改變原來對手對我方既有的某些不大好的舊印象。

寒暄的內容可以是多方面的，但最好是令人輕鬆愉快且非業務性的。比如談到雙方的家鄉、閱歷、家庭、旅遊過的地方、風土人情、趣事軼聞、嗜好專長、時事新聞等等。如雙方有過一段合作的經歷或共同認識的朋友，也可以通過共同的回顧與交流來找到雙方的共同點、聯繫點。通過上述話題的寒暄，往往比較容易引發雙方某方面的共鳴，發現共同的意趣，引起雙方心靈「共聚」的變化，為正式會談奠定良好的感情及氣氛基礎。

顧全對方面子，與對方交朋友

談判與推銷一樣，是一種競爭也是一種合作。在談判活動中，人們既要維持自己的利益，也要維護自己的自尊。他們不僅希望交易能達成有利的協定，也希望證實自身的價值與維護自己的面子。因此，在談判中能否尊重對方的自尊，不僅僅影響到對方的心態、情緒，影響到對方合作的態度，而且會影響到雙方日後發展合作的前景。

人脈

對方如果覺得自己在談判中受到尊重，往往會變得更友好、更寬容、更熱情而易於合作；反之，如果對方的自尊心受到傷害，他常常會變得冷淡、消極、不服氣、惱怒，甚至會反脣相譏以示憤怒；氣量狹小者還有可能不顧一切後果地圖謀報復。這對今天的談判與明天的合作都是很大的損害。

因此，一名優秀的談判者應當充分意識到，顧全對方面子，不僅是眼前達成談判協議，實現友好合作的需要，而且是樹立談判者個人形象乃至企業美好形象，發展長期合作關係的需要。如果只圖一時之快，不惜損害對方面子與自尊，將會使談判失敗。

顧全面子，在談判中處處表現得彬彬有禮，顯示出對不同觀點、意見的理解與尊重，在談判的每個環節的發言中掌握分寸，留有餘地。

在談判中，要盡量顧全對方的面子，盡量減少不必要的誤會與矛盾。只要雙方有了較深的感情，談判就有了良好的基礎。

一位曾經長期與日本商界打交道的美國商人說：「同日本人做生意，商務談判一開始，很像兩個相撲力士，他們先要以莊重且絕對必要的屈膝禮相互致

220

意，然後再進行一套繁瑣的儀式，向每個角落撒鹽、多次鞠躬、做出表示敬意的各種動作……他們在進行自我準備的同時，相互不斷地審視對方，調整呼吸，聚積力量。當雙方確認已做好了充分準備之後，這時，也只能在這時才猛然地向對方撲去。」

美國商人生動道出了日本商人謙恭有禮背後的精明、獨到與老辣之處。被譽為「人際關係專家」的日本人，他們用「笑臉相迎」和彬彬有禮、友好之情，就能做到「以禮求讓，以情求利」的目的。

所以在商務談判中，要學會與談判對手友好溝通、連絡感情、交上朋友，這會使談判輕鬆自如，達到預定的目的。

徐維代表公司與一家公司談判。徐維所在的公司委託這家公司加工生產零件，因原材料價格上漲了一倍，這家公司提出零件加工價格也要上漲一倍。徐維和對方進行了幾輪談判，但對方立場堅定，態度強硬，任他磨破嘴皮，對方就是不改初衷。

在這種陷入僵局的情況下，徐維暫時停止談判，邀對方吃飯，一起旅遊。在

旅途中，雙方沒有談及任何有關談判的事，他們進行感情交流，只談一些其他的話題，幾天下來，雙方成了無話不談的好朋友。

當再次坐到談判桌上的時候，對方作出了讓步，對徐維說：「我們已經是好朋友了，好朋友是不會讓朋友吃虧的，你定個價格，我簽字就是了。」結果一件相當棘手的談判就圓滿解決了。後來，兩家公司一直做生意，互惠互利，合作得很愉快。

在談判過程中，要取得對方的信任，拉近和對方的心理距離，尋找對方感興趣的話題或是滿足對方情感方面的某種需要，就能贏得對方的好感，與對方交上朋友，最後使得談判取得圓滿的結果。

222

3・成熟與世故一線之隔

世故就像爛熟的瓜，

會令人敬而遠之。

人們在社會交際中評論某人時，常常喜歡使用「成熟」和「世故」這兩個詞。例如：「某某為人處世比較成熟，是個很受歡迎的人。」「某某為人處世很世故，不好打交道，不是可交之人。」確實，在交友辦事、為人處世中，成熟與世故只有一線之隔，但結果卻是完全不同的。

世故是爛掉的成熟

擺在街頭賣的一堆西瓜，無論它有多少，對買者而言只有三種：生的、熟的、爛熟的，我們只挑熟的買。芸芸眾生，無論男女老少，就其心理年齡而言，

223

人脈

也只有三種：幼稚的、成熟的、世故的。

幼稚的屬於生瓜，成熟的屬於熟瓜，世故的屬於爛熟的瓜。放下生瓜不談，天下有誰喜歡爛熟的西瓜？

人們都不喜歡爛熟的瓜，因為它的果肉已不鮮甜；同樣，人們也不喜歡世故的人，因為他們已「練達」得枯燥無味。在我們身邊很少看到一個世故的人擁有真正的朋友，因為世故的人很難交上朋友，誰也不願與他交朋友。

成熟不等於世故，世故是爛掉的成熟。一個人不成熟，就等於生瓜一樣，不好吃，價格就要大打折扣。成熟是一種豐滿圓潤的狀態，是一個人智慧的頂峰，是一個人閱盡人間滄桑後的一種大度從容。它不媚俗、不盲從，對挫折處之泰然，對恭維、掌聲、鮮花給人以淡淡的微笑。處在這種境界的人，在家裡是寬容慈祥的父親；在朋友那裡是手足般的兄長；在工作單位是砥柱中流。

一個人思想和性格上的成熟，歸根結底在於他能從容地處理好人際關係，能夠很好地適應環境、適應社會。

世故與成熟不能同日而語。有人把老謀深算、圓滑世故看成是成熟，是為人

處世、求人辦事的高手，其實不然，因為老練成熟，才是社交中的「上乘」修養；而圓滑世故，則是社交中很壞的品質。世故的人不一定就是成熟，成熟的人也不一定必須世故。成熟的人讓人想接近，世故的人卻使人敬而遠之。

不知道你是不是有這樣的經驗，你到一家服裝店去買衣服，老闆一開始熱情地介紹這、介紹那，你的心裡很舒服，可試了幾件後，沒有一件合適，最後決定不買了。如果老闆馬上對你冷淡下來而去做別的事，你馬上就會意識到他最初的熱情只是為了做自己的生意。你一旦清楚這一點，就會對這個老闆的性情有些看法，雖然人與人之間是互惠原則，但互惠的不僅僅是物質，還有精神。對這種世故之人，你可能會很反感，以後便再也不去光顧他的服裝店。

而一個處世成熟的人，是不會這麼做的，即使做不成生意，他依然對你熱情有加，會讓你這次沒買成衣服，下次還會去光顧。

世故之人不可交

如果某人是非常勢利、見利忘義的世故之人，這種人是不適合作為朋友出現在生活中的。

例如有一個企業，A當總經理時，一位高級職員經常到A家裡坐坐，外帶一批上好的禮物，對A奉承一番；而當A下台，B當上總經理時，這位高級職員又馬上到B家裡送禮，並數落A的不是，將B捧為英明的領導者。在這種情況下，B聽了大家的意見，綜合思考分析後，果斷地將這位高級職員冷落在一邊。

世故的人有一個通病，在你得勢時，他錦上添花；當你失意時，他落井下石。他不懂得什麼是真誠，他只知道什麼是權勢。因此，這種世故的人不能交往。

宋代的王安石和呂惠卿是一對朋友，但他們不是真正意義上的朋友，純是靠著權勢和利益聯合起來的勢利之交。呂惠卿與王安石的氣質本來就相差很遠，他開始攀附王安石是因為王安石有權勢，呂惠卿從中得到好處後，又開始陷害王安

石以鞏固自己的地位。從這一歷史事實說明世故之人是不可交的。

如果某人為官在任，聚集在他周圍的人很多，可謂門庭若市，有人為結交做官之人，用盡各種辦法，一旦做官之人下了台，其周圍的人一下子就沒有了，真可謂門庭冷落車馬稀了。這種情況非常常見，為什麼？因為你沒有了權，別人再無法利用你了。

寧願沒有朋友，也不願交那些世故的朋友，因為這樣的人對你無益，相反還有可能給你添麻煩。這種朋友，不要也罷。

不把世故當作成熟

生活中，有些人總覺得為人處世難，渴望自己早一些成熟起來，可往往又無法分清成熟與世故的界限，有時還把世故當作成熟。其實，世故與成熟是有區別的。例如，求他辦點事，你必須得表示表示，否則，他左推右推說幫不了，給他些好處，事情馬上擺平，這就是典型的世故心理。

世故與虛偽聯繫密切，表現出圓滑、勢利。其實，人們不喜歡與世故的人交朋友，這是因為世故的處世哲學猶如層巒疊嶂，使交往對方的思想、感情、心靈難以溝通。

人際交往中，世故的人把自己封閉得很嚴實，從不講自己的內心話，與別人相處常圓滑應付、心口不一。朋友真誠地與他討論問題，將自己內心的東西全部告訴他，他卻依然三緘其口，不以心去換取別人的心。時間久了，別人就不會與這種世故的人交往了。

心理世故的人在交往中表現的反差度很大，與周圍的人相處，對自己有用的人，交往之；對自己沒有用者，冷淡之，交往的熱情同與自己有用的程度成正比。對於同一個人，當有求於人時，對他就熱情，求完時便冷眼相待。例如俄國作家果戈理（Nikolai Vasilievich Gogol）小說《死靈魂》（Dead Souls）中的主人翁契契可夫（Chichikov）一樣，在剛當小職員時，百般討好巴結上司的麻臉女兒，當博得上司的好感，當上科長，站穩了腳跟之後，便馬上翻臉不認人。

這種人，有大事求人時，不惜討好巴結，降低人格，所謂「有事求人，無事

228

無人」，這種人在生活中極令人討厭。

成熟的人雖然也求人幫忙辦事，但他們堅持的是互惠互利，互幫互進的態度，絕不會求人辦事達到目的以後就不再搭理對方。這種人在人際交往中，自然會受到朋友的歡迎。

世故的人，大都是不相信別人，只希望利己，世故使交往打上了圓滑、勢利、虛偽的烙印，這些品格無疑是不受歡迎的。交往中的世故心理往往使人認為你不可信、不可靠、不可近。的確，從來不與人說心裡話，「有事求人，無事無人」，這樣的人怎能在心理上給別人以安全、共鳴感和愉悅感呢？更何談強化交往的願望？而這種人又怎能交上知心的朋友？又怎能在人生的舞台上有出色的表演呢？

所以，在社會上行走，要讓自己多一些成熟的氣質，少一些世故的味道，這樣才能成為到處受歡迎的人。

4.虧要吃在明處，否則就是白吃

所以怎麼吃虧也是一門技術。

但想占到便宜，就不能白白吃虧，

俗話說，吃虧就是占便宜，

與朋友交往，自己吃點虧就是一個很好的交際方法。

不管是吃大虧還是吃小虧，只要能對交友關係有幫助，你就要盡力吃下去，

不能皺眉。尤其是大虧，有時更是一本萬利的事。

當然交友吃虧也必須講究方式和技巧，交朋友吃虧要吃在明處，否則就是

白吃。有的人為了息事寧人，往往去吃暗虧，結果是「啞巴吃黃蓮，有苦說不

出」，不只白吃，也成了白痴。

三國時期的孫權就是這樣，為了得回荊州，假意將自己的妹妹嫁給劉備，結

果在諸葛亮的巧妙安排下，孫權不僅賠了妹妹又折了兵，荊州還是在人家手中，

這個虧未免吃得太不值得了。

虧要吃在明處，吃在暗處就只有白吃了。你吃虧時，至少要讓對方明白，讓對方意識到，你吃虧是為了幫助他。

古人說：「吃虧是福。」是很有道理的，因為吃虧，你就成了施者，朋友則成了受者，看上去是你吃了虧，他得了益。然而，朋友卻欠了你一個情，在友誼、情誼的天平上，你已加了一個籌碼，這是比金錢、比財富更值得你珍視的東西。

吃虧，會讓你在朋友眼裡變得豁達、寬厚，讓你獲得更深的友誼。這當然會使朋友更心甘情願地幫助你，為你做事。

在現代社會，會吃虧的人才不會吃虧。你不吃點虧，別人怎麼會替你辦事情呢？

古時就有一個例子，陳囂與紀伯為鄰，一天夜裡，紀伯偷偷將隔開兩家的竹籬笆向陳家移了一點，以便讓自己的院子寬一點，恰好給陳囂看到了。紀伯走後，陳囂將籬笆又往自己這邊移了一丈，使紀伯的院子更寬敞了。紀伯發現後，

人脈

很愧疚，不但還了侵占陳囂家的地方，還將籬笆往自己這邊移了一丈。

陳囂的主動吃虧，讓紀伯感到相當內疚，他產生了「以小人之心度君子之腹」的感覺，這就欠下了陳囂的一個人情，即使他還了這個人情，但是每當他想起時還是會內疚，還是會想辦法報答陳囂。

《菜根譚》上說：「人之短處，要曲為彌逢；如暴而揚之，是以短攻短。」

意思是，別人有缺點或過失，要婉轉地為他掩飾或規勸他，假如去揭發傳揚，就是用自己的短處來攻擊別人的短處，到時肯定對自己沒有什麼好處。

所以，有時主動吃虧是要為朋友文過飾非，既讓他覺得欠你人情，又讓他知道自己做錯了。會交朋友、會辦事的人，樂意為朋友遮掩一下，中國人就喜歡這一套。

戰國時，梁國與楚國相鄰，兩國在邊境上各設界亭，亭卒們也都在各自的地裡種了西瓜。梁國的亭卒勤勞鋤草澆水，瓜秧長勢極好；而楚國的亭卒懶惰，致使瓜秧又瘦又弱，與對面西瓜田的長勢簡直不能相比。楚國的亭卒覺得失了面子，有一天夜裡偷跑過去，把梁國亭卒的瓜秧全給扯斷了。

梁國的亭卒第二天發現後氣憤難平，報告給邊縣的縣令宋就，並說：「我們也過去把他們的瓜秧扯斷好了！」宋就說：「他們這樣做當然很卑鄙，可是我們明明不願他們扯斷我們的瓜秧，那麼我們為什麼要反過去扯斷人家的瓜秧呢？別人不對，我們再跟著學，那就太狹隘了。你們聽我的話，從今天起，每天晚上去給他們的瓜秧澆水，讓他們的瓜秧長得好，而且你們這樣做，一定可以讓他們知道自己已錯了。」

梁國的亭卒聽了宋就的話後覺得有道理，於是就照辦了。楚國的亭卒發現自己的瓜秧長勢一天好似一天，仔細觀察，發現早上地都被人澆過了，而且是梁國的亭卒在黑夜裡悄悄為他們澆的。楚國的邊縣縣令聽到亭卒們的報告，感到十分慚愧又十分的敬佩，於是把這件事報告了楚王。楚王聽說後，也感於梁國人修睦邊鄰的誠心，特備重禮送梁王，既以示自責，亦以示酬謝，結果這一對敵國成了友好的鄰邦。

為別人文過飾非，是個搞好關係的好機會。當朋友在眾人或是你面前犯了錯，你一定要抱著吃虧的心理，乾脆給他個面子，幫他一把，千萬別「暴而揚

有一種勝出的關鍵叫

人脈

之」。很多時候，這種吃虧是幫助你的朋友，儘管你先前吃了虧，但最終朋友會彌補你、報答你。想一想，會吃虧的人怎麼會吃虧呢？

234

5・聽清言外之意

俗話說，話中有話。

在與人交際時，礙於社交禮儀，我們往往都不會直言不諱。

有一位女主人決定要測試客人是否真的有在聆聽自己說話，於是她一面請客人吃點心，一面說：「你們一定要嘗一嘗，我加了點砒霜。」所有客人都毫不猶豫地吃了下去，還說：「真好吃，一定要把做法告訴我。」

言為心聲，朋友對你說的話語非常重要，你不要因為聽不出真情，而吃下帶著砒霜的點心。

生活中，不可避免地存在這類朋友，他為了自己一時的利益和地位，不惜反擊、背叛你，甚至落井下石，他的危害是你不能預料的。很多時候，因為你聽不出這類朋友的言外之意，看不清他虛偽的表演，而被朋友利用和陷害。

人脈

有一種勝出的關鍵叫

有一位飽經風霜的老人，一生結交了許多朋友，沒有一個朋友能夠對他隱瞞什麼。他的做法非常簡單：從談話中推測未道出的事情。每當和朋友交談以後，他總是把當時的談話重溫一遍，把對方談話中的停頓躊躇、聲音的變化、詞語的選擇等進行分析，然後他就能說出對方在談話中根本未提及的事。

這位老人的成功，就在於他善於揣摩對方說話的意思，能聽懂、聽透，品出話語中的言外之意。他其實也不能全然摸透朋友的腦袋，能做出這些結論完全是運用了「內容分析法」——通過對談話內容的系統分析、綜合，從微不足道的細節中發現朋友對你的態度，和他自己要做些什麼，這對你與朋友的交往很有幫助。

王主編約陳教授為刊物寫一篇稿子，恰巧王主編的刊物辦座談會，他也邀請了陳教授。陳教授才進會場，王主編就衝了過去說：「太好了！太好了！我一直在等您的稿子。」

「糟糕！」陳教授一拍腦袋，「抱歉！抱歉！我留在桌上忘記帶了。」又拍拍王主編的肩膀，「明天上午您派人來拿，可以吧？」

236

「沒關係！」王主編一笑，「也不必等明天，我等會兒開車送您回去，順便拿。」

陳教授一怔，也笑笑，「可惜我等會兒不直接回家，還是明天吧！」

座談會結束後，送走了學者、專家，王主編到停車場開車回家。轉過街角，他看見陳教授和賀律師在等計程車。

王主編按下車窗熱心地問：「到哪兒去呀！」

賀律師說：「陪陳教授回家。」

王主編一聽，就停下車將陳教授和賀律師拉上車。王主編邊開車邊說：「我送您回家，順便拿稿子。」

「我家巷子小，尤其假日都會停滿車，不容易進去。」陳教授拍拍王主編，「您還是把我們放在巷口，我明天上午叫女兒把稿子給您送去，她也順路。」

誰知王主編說自己更順路，一定要去。王主編硬是轉過小巷子，一點、一點往裡擠，開到陳教授的家門口。

「我還得找呢！這巷子不好停車。」陳教授說。

「沒問題，您不是說放在桌子上嗎？」正說著，後面的車大按叭喇催促。

「您還是別等了吧！」陳教授拍著車窗，「告訴您實話，我還沒寫完呢……。」

陳教授再三找藉口推辭，王主編居然沒有聽出陳教授「我還沒有寫完呢」的言外之意，結果弄得兩人都不愉快。

俗話說：「說話聽聲，鑼鼓聽音。」這個「聲」指的就是言外之意。

比如，你在路上遇到一個朋友，你問朋友：「你上哪呢？」朋友答：「到那邊。」如果你又問：「幹什麼去？」朋友答：「辦點事。」

朋友的話根本沒涉及到正題，只是含糊應答，如果你會聽的話，就要意識到朋友不願講出來，就不要再追問，聽不出朋友的言外之意，打破砂鍋問到底會令朋友生氣的。

通常除說話以外，一個眼色、一個表情、一個動作，都可能在特定的語境中表達明確的意思，就是同一句話也可以聽出其弦外之言、言外之意。如果不能掌握和摸透這一點，就有可能遭受他人的傷害。

在朋友的交談中，我們需要留意他的言外之意。

238

朋友在談話中常常提及「我」、「我的」這幾個字眼，證明他是一個極端自私和不關心你的人。一個心理學家說：「如果一個人的汽車故障了，他就會常常提到它。同樣，一個人的身體有了毛病，那他在談話中也會不經意露出徵兆。」只有話中「我們」的次數增加，你才可能與他發展友誼。

如果一個朋友經常提到那些不擇手段的成功者，並且眼中露出羨慕之色，尤其津津樂道其手段的果斷和殘忍，他可能也是一個陰謀家，必要時，他不會顧及你們的友誼，一腳把你踩下去。

你去請求朋友幫忙，而他始終不正面回答你，躲躲閃閃，顧左右而言他，那就已經說明了他不準備幫助你，你就不要在那裡耽誤時間了。

你和朋友商談一件重要的事，他不公開稱讚你的想法，而是說：「完全可以，但是……。」這說明他不支持你的想法，甚至反對，只是礙於你的情面，不好意思直說出來。

唐先生想賣掉公司去從事投資，他的朋友卻說了一大堆「投資的風險很大」的話，他聽出朋友不喜歡他這麼做，主要原因是他們的公司有合作關係，自己賣

掉公司，朋友就缺少了強有力的支援，朋友現在又沒有資金買下他的公司，所以他採取了反對的意見。

留神朋友的言外之意，善於聆聽既可以改變你與朋友的關係，方便辦事，還可以幫助你瞭解朋友的內心，避免遭到傷害。

6．交淺言深，交友大忌

凡事有所保留，才能為自己預留保障，

無話不談，往往也讓自己赤裸迎敵。

人和人之間的交往有一個地雷區，那就是交淺言深。人與人之間的感情是在交往中逐步建立，就算是朋友，也不可能一見傾心，要知道「逢人只說三分話，不可全掏一片心。」

在與朋友交往中，有時你結識了新朋友，即使你對他有一定的好感，但畢竟交情不深，缺乏更深切與本能性的瞭解，你不宜過早地與他們講深交、討好的話。

比如，當你剛來到一個新的工作環境，同事對你表示友善和歡迎時，大家一起外出午餐，有說有笑，無所不談。其中一名同事可能跟你很談得來，樂意把公司的種種問題及每一位同事的性格都說給你聽。你對公司人事一無所知，自然也

很珍惜這樣一位「知無不言，言無不盡」的朋友，彼此顯得相當有默契，你開始視對方為知己，將平時看到什麼不順眼、不服氣的事，也與這位朋友傾吐，甚至批評其他同事，藉以發洩心中的悶氣。

如果對方永遠是你的忠心支持者，問題自然不大。但須知「來說是非者，便是是非人」，你瞭解這位朋友有多少？你怎麼知道你與對方不過短暫的交情，怎麼就有很深厚的友誼呢？為這一時之快，你把不該說的話說出來，對方手上便有了你的把柄，隨時隨地都可以加害你。如果他把你曾批評其他同事或上司的話公之於眾，試想，你在這個公司還有立足之地嗎？

懂得與朋友保持一定的距離，凡事採取中庸之道，適可而止，在別人面前從不顯露衝動的言行，學習做個聆聽者，如此你才能成功地與朋友交往。

對新朋友說話要有所保留

在社交場合中，大家見面不管生面孔也好、熟面孔也好，都會點頭致意，彬

彬有禮。說話之間像老朋友一樣相互問好，熱情開放，這是禮節禮貌。

在這樣的場合，對剛結識的朋友說話要有所保留，能說三分的話，千萬不要說到四分。

有這樣一則寓言：

一隻蝨子常年住在一個富人的床鋪上，由於牠吸血的動作緩慢輕柔，富人一直沒有發現牠。

一天，跳蚤來拜訪蝨子。蝨子對跳蚤的性情、來訪目的，以及對己是否不利，一概不聞不問，還把自己不該說的祕密告訴跳蚤，「這個人的血是香甜的，床鋪是柔軟的。」

跳蚤不過是路過這裡，牠聽了蝨子的話就不想走了。當天晚上在富人進入夢鄉時，跳蚤早已迫不及待地跳到他身上，狠狠叮了一口。富人在夢中被咬醒，憤怒地令僕人搜查。伶俐的跳蚤蹦走了，慢慢騰騰的蝨子成了跳蚤的代罪羔羊，蝨子到死也不知道引起這場災禍的根源。

在人際交往中，你若與朋友初交就把心掏出來給對方，用心和他交往，那麼

243

就有可能會「受傷」。

小王是一家公司的業務經理，在一次聚會上，偶與另一家公司的業務員相遇，兩人很投緣，話也說越投機，大有相見恨晚之感。小王把對方當成了自己的貼心朋友，結果在酒酣耳熱之後，把自己公司將要開展的業務計畫說了出來。

一個月後，當小王的公司把新的業務計畫投入實際運作時，卻被客戶告知別的公司已經在做了，並簽了合約。作為與老闆共知計畫機密的小王，自然讓上司批評一番，並減薪降職，永不重用了。小王沒想到把對方當成朋友，對方反而害了他。

所謂逢人只說三分話，這之中不包括重要話，重要話是一句都說不得的。你所說的三分話，應該是風花雪月，應該是柴米油鹽，應該是上天下地，應該是山海奇觀……總而言之，應該是無關緊要的題材，雖然說得頭頭是道，說得興味淋漓，說得皆大歡喜，其實是言之無物，這就是有效防止「交淺言深」的辦法。

無話不談要看對象

生活中有些人交朋友很失敗，做事業也很失敗，其關鍵的一點就是與泛泛之交的朋友無話不談。在朋友交往中，除非是知己好友，否則是不能無話不談的。

有句老話叫作「禍從口出」，為人處世一定要把好口風，什麼話能說，什麼話不能說，都要在腦子裡多繞幾個彎，心裡有個算計。

每個人都有自己的祕密，都有一些壓在心裡不願為人知的事情。朋友之間，哪怕感情不錯，也不要隨便把你的事情、你的祕密告訴對方。你的祕密可能是私事，也可能是公事。如果你告訴朋友，這些祕密就不再是祕密了。

假使你是職場中人，你將祕密告訴同事，若他是一個別有用心的人，雖然不在外面傳播你的祕密，但在關鍵時刻，他會拿出你的祕密作為武器回擊你，使你在競爭中失敗。因為一般來說，個人的祕密大多是一些不甚體面、不甚光彩，甚至是有很大汙點的事情。這個把柄若讓人抓住，你的競爭力就會被大大削弱了。

一對好朋友可能會因為各種原因而中斷友誼或分道揚鑣，那就很可能造成反

有一種勝出的關鍵叫

人脈

目成仇的局面。由於昔日彼此不相防備，各自的內情外事也都知根知底，所以一旦關係破裂，翻起老帳、揭起短處，便會使雙方格外痛徹心腑、切齒難忘。

不分青紅皂白地把一般朋友當知心朋友，動輒一吐心曲，是交友的大忌。特別是與朋友交情微酣或話語投機之時，要注意把握口舌關，該說的說，不該說的就藏在自己心裡。

當你覺得別人在傾訴知心話時，感到如果自己不把心掏出來就負了一份人情似的，這就錯了。人際關係是經常在變化的，今天的知心人或許就是明天的對手，你的知心話或許就會成為明天握在他手中的把柄。給自己留一點餘地、留一條後路，總會讓人覺得安全、踏實。

朋友之間相處，話不可露盡，這才是交友之道。

246

7·人情的儲蓄

沒有經歷過身無分文的窘迫，

不會真切體會到儲蓄的重要。

做人情就好像你在銀行裡存款，存得越多，存得越久，利息越多。

你送朋友一個人情，朋友便欠了你一個人情，他是一定要回報的，因為這是人之常情。

大陸作家錢鍾書先生一生日子過得比較平和，但困居上海寫《圍城》的時候，也窘迫過一陣。辭退保姆後，由夫人楊絳操持家務，所謂「卷袖圍裙為口忙」。

那時學術稿沒人買，錢鍾書寫小說的動機裡，多少摻進了賺錢養家的成分，他一天五百字的精工細作，卻又絕對不是商業性的寫作速度。就在錢鍾書難以為繼時，黃佐臨導了錢鍾書夫人楊絳的四幕喜劇《稱心如意》和五幕喜劇《弄假成

真》，黃佐臨及時支付了稿酬，才使錢家度過了難關。

時隔多年，黃佐臨之女黃蜀芹導演之所以獨得錢鍾書親見，開拍電視連續劇《圍城》，是因為她藏了老爸黃佐臨一封親筆信的緣故。錢鍾書是個別人為他做事，他一輩子都記著的人，黃佐臨四十年前的義助，錢鍾書四十年後還報。

俗話說：「在家靠父母，出外靠朋友」，多一個朋友多一條路。要想人愛己，必須先愛人。每個人都應時刻存以樂善好施、成人之美的心思，才能為自己多儲存這些人情的債權。這就如同一個人為防不測，須養成「儲蓄」的習慣一樣。

充實自己的人情帳戶

為了應付某種急需，許多人省吃儉用也要在銀行裡存一筆錢。因為有了這樣一筆儲蓄，心裡就會踏實，就可以在關鍵時刻拿出來抵擋一陣。同樣的道理，你的關係網要想在急需的時候能夠用得上且管用，也要注意在你的人情帳戶上搞好

儲蓄。

人是感情的動物，在人際交往與關係中重視情感投資，不斷增加感情的充實，就是積聚信任度，保持和加強親密互惠的關係。只要你在人情的帳戶上儲蓄，在你遇到困難需要幫助的時候，就會有朋友來幫助你。

如果你的人情帳上沒有什麼儲蓄，到需要用時，也就無人可用了，說不定求人時帳上還要出現負數，欠別人的情和債。

只有平時樂於幫助人、主動幫助人，你人情帳戶上的儲蓄才會越來越多，越來越夠用。

人情財富也會「透支」

良好的金錢借貸關係，建立在雙方的信用基礎上，所以必須堅守「有借有還」的底線，未來才有可能「再借不難」。人情如財富，也必須以相同的基準來加以看待，如果人情的付出始終都是單方面，那麼總會有透支的一天。

有一種勝出的關鍵叫

人脈

換句話說，人情是種儲蓄，是為了應對未來的突發狀況而準備的保險，平常不可隨意動用，否則一經揮霍濫用，人情也就蕩然無存了。

因此，當我們想要動用人情來辦事時，最好先思考清楚，是否非如此不可，才不會養成總是伸手要人幫忙的習慣，一點一滴透支了自己的人情額度，也破壞了雙方的信用與友誼基礎。

有一種勝出的關鍵叫人脈

作　　　者	孫大為
發　行　人	林敬彬
主　　　編	楊安瑜
副　主　編	黃谷光
責　任編輯	黃谷光
美　術編排	黃谷光
封　面設計	高鍾琪

出　　　版	大都會文化事業有限公司
發　　　行	大都會文化事業有限公司
	110台北市信義區基隆路一段432號4樓之9
	讀者服務專線：(02)27235216
	讀者服務傳真：(02)27235220
	電子郵件信箱：metro@ms21.hinet.net
	網　　　址：www.metrobook.com.tw

郵　政劃撥	14050529 大都會文化事業有限公司
出　版日期	2017 年 03 月 初版一刷
定　　　價	元
I S B N	978-986-5719-94-4
書　　　號	Growth-091

Metropolitan Culture Enterprise Co., Ltd.
4F-9, Double Hero Bldg., 432, Keelung Rd., Sec. 1,
Taipei 110, Taiwan
Tel: +886-2-2723-5216　Fax: +886-2-2723-5220
Web-site: www.metrobook.com.tw
E-mail: metro@ms21.hinet.net

國家圖書館出版品預行編目資料

有一種勝出的關鍵叫人脈 / 孫大為著. -- 初版. --
臺北市：大都會文化, 2017.03
256面；14.8×21公分.

ISBN 978-986-5719-94-4 (平裝)

1.人際關係 2.成功法

177.3　　　　　　　　　　　　106002102

98-04-43-04

郵 政 劃 撥 儲 金 存 款 單

收款帳號

1 4 0 5 0 5 2 9

金額
新台幣
(小寫)

億 仟萬 佰萬 拾萬 萬 仟 佰 拾 元

收款戶名 大都會文化事業有限公司

寄款人 □他人存款 □本戶存款

主管：

姓名
地址
電話

通訊欄（限與本次存款有關事項）

經辦局收款戳

虛線內備供機器印錄用請勿填寫

寄款人請以正楷書寫

◎寄款人請注意背面說明
◎本收據由電腦印錄請勿填寫

郵 政 劃 撥 儲 金 存 款 收 據

收款帳號戶名

存款金額

電腦紀錄

經辦局收款戳

書亦歡迎團體訂購，另有優惠。請電洽或傳真。
※依郵政劃撥儲金存款收據之備考欄通知本公司，
※單次購書金額未滿1000元，請加50元掛號費。
※本書如有破損或裝訂錯誤，請寄回本公司更換。

郵政劃撥存款收據
注意事項

一、本收據請妥為保管，以便日後查考。

二、如欲查詢存款入帳詳情時，請檢附本收據及已填妥之查詢函向任一郵局辦理。

三、本收據各項金額、數字係機器印製，如非機器列印或經塗改或無收款郵局收訖章者無效。

大都會文化、大旗出版社讀者請注意

一、帳號、戶名及寄款人姓名地址各欄請詳細填明，以免誤寄；抵付票據之存款，務請於交換前一天存入。

二、本存款單金額之幣別為新台幣，每筆存款至少須在新台幣十五元以上，且限填至元位為止。

三、倘金額塗改時請更換存款單重新填寫。

四、本存款單不得黏貼或附寄任何文件。

五、本存款金額業經電腦處理後，不得申請撤回。

六、本存款單備供電腦影像處理，請以正楷工整書寫並請勿折疊。帳戶如需自印存款單，各欄文字及規格必須與本單完全相符；如有不符，各局應婉請寄款人更換郵局印製之存款單填寫，以利處理。

七、本存款單帳號與金額欄請以阿拉伯數字書寫。

八、帳戶本人在「付款局」所在直轄市或縣(市)以外之行政區域存款，需由帳戶內扣收手續費。

如果您在存款上有任何問題，歡迎您來電洽詢
讀者服務專線：(02)2723-5216(代表線)
為您服務時間：09：00～18：00(週一至週五)
大都會文化事業有限公司　讀者服務部

交易代號：0501、0502 現金存款　0503票據存款　2212 劃撥票據託收

大都會文化　讀者服務卡

書名：**有一種勝出的關鍵叫人脈**

謝謝您選擇了這本書！期待您的支持與建議，讓我們能有更多聯繫與互動的機會。

A. 您在何時購得本書：＿＿＿＿＿年＿＿＿＿＿月＿＿＿＿＿日

B. 您在何處購得本書：＿＿＿＿＿＿＿＿書店，位於＿＿＿＿＿＿＿＿(市、縣)

C. 您從哪裡得知本書的消息：

　　1.□書店　　2.□報章雜誌　　3.□電台活動　　4.□網路資訊

　　5.□書籤宣傳品等　　6.□親友介紹　　7.□書評　　8.□其他

D. 您購買本書的動機：（可複選）

　　1.□對主題或內容感興趣　　2.□工作需要　　3.□生活需要

　　4.□自我進修　　5.□內容為流行熱門話題　　6.□其他

E. 您最喜歡本書的：（可複選）

　　1.□內容題材　　2.□字體大小　　3.□翻譯文筆　　4.□封面　　5.□編排方式　　6.□其他

F. 您認為本書的封面：1.□非常出色　　2.□普通　　3.□毫不起眼　　4.□其他

G. 您認為本書的編排：1.□非常出色　　2.□普通　　3.□毫不起眼　　4.□其他

H. 您通常以哪些方式購書：(可複選)

　　1.□逛書店　　2.□書展　　3.□劃撥郵購　　4.□團體訂購　　5.□網路購書　　6.□其他

I. 您希望我們出版哪類書籍：（可複選）

　　1.□旅遊　　2.□流行文化　　3.□生活休閒　　4.□美容保養　　5.□散文小品

　　6.□科學新知　　7.□藝術音樂　　8.□致富理財　　9.□工商企管　　10.□科幻推理

　　11.□史哲類　　12.□勵志傳記　　13.□電影小說　　14.□語言學習（＿＿＿語　）

　　15.□幽默諧趣　　16.□其他

J. 您對本書(系)的建議：

K. 您對本出版社的建議：

讀者小檔案

姓名：＿＿＿＿＿＿＿＿　性別：□男 □女　生日：＿＿＿年＿＿＿月＿＿＿日

年齡：□20歲以下 □21～30歲 □31～40歲 □41～50歲 □51歲以上

職業：1.□學生 2.□軍公教 3.□大眾傳播 4.□服務業 5.□金融業 6.□製造業

　　　7.□資訊業 8.□自由業 9.□家管 10.□退休 11.□其他

學歷：□國小或以下 □國中 □高中／高職 □大學／大專 □研究所以上

通訊地址：

電話：（H）＿＿＿＿＿＿＿＿＿（O）＿＿＿＿＿＿＿＿　傳真：＿＿＿＿＿＿＿

行動電話：＿＿＿＿＿＿＿＿　E-Mail：＿＿＿＿＿＿＿＿＿＿

◎謝謝您購買本書，歡迎您上大都會文化網站（www.metrobook.com.tw）登錄會員，或至 Facebook（www.facebook.com/metrobook2）為我們按個讚，您將不定期收到最新的圖書訊息與電子報。

人脈 有一種勝出的關鍵叫

北 區 郵 政 管 理 局
登記證北台字第9125號
免 貼 郵 票

大都會文化事業有限公司
讀 者 服 務 部　　　收

110台北市基隆路一段432號4樓之9

寄回這張服務卡〔免貼郵票〕
您可以：
◎不定期收到最新出版訊息
◎參加各項回饋優惠活動